NEW
일본어능력시험 답다!

이종권 저

N2 독해

새롭게 개정된 NEW(신) 일본어능력시험의 개정 포인트를 이해하고 공부한다면, 수험생 여러분은 이미 합격고지의 절반은 오른 셈입니다. 개정된 주요한 포인트인 [과제 수행을 위한 언어커뮤니케이션능력]이란, 우리들이 생활 속에서 부딪히는 여러 과제에 대해 그 해결방법을 찾는 것이라고 해도 과언이 아닙니다. 과거의 암기 이해에 의존하는 그런 시험이 아님을 꼭 알아 두셔야 할 것입니다. 새로운 시험은 기존의 암기 이해는 물론이고, 어떤 일을 판단하고 수행하는데 필요한 일본어 실력을 측정하는 시험입니다.

NEW(신) 일본어능력시험에서는 언어지식(문자·어휘·문법)을 바탕으로 독해와 청해 과제를 수행하는 능력을 측정하는 시험이므로, **언어지식을 공부한 후에 독해, 청해 순**으로 공부를 해가는 것이 효율적이라 하겠습니다. 물론 청해의 기본인 귀가 열려 있는 단계가 아니라면, 청해 연습을 꾸준히 언어지식 공부와 병행해야 합니다.

NEW(신) 일본어능력시험에서는 합격을 위한 기준 점수가 제시되지 않았지만, 과거와 달리 **영역별 과락제도**가 도입되므로 전체적인 균형을 유지하는 학습방법이 요구됩니다. 어느 한 영역으로 치우치는 학습방법은 바람직하지 않습니다.

본서는 개정된 **NEW(신) 일본어능력시험에 맞추어 새롭게 집필**되었고, 새로운 유형을 최대한 이해하기 쉽게, 또한 많은 문제를 다루었습니다. **모의고사도 3회**로 다양한 문제를 수록했습니다. 본서에 수록된 많은 문제들을 풀어보고, 모르거나 자신이 틀린 문제들은 꼭 다시 공부해서 고득점으로 합격하시기를 기원합니다.

공부하다가 모르는 것이나 궁금한 사항이 있으시면 언제든지 제가 운영하는 다음 카페(http://cafe.daum.net/jlpt)나 http://www.ejujlpt.com 으로 문의 주세요. ^^ 시험에 대한 다양한 정보도 여기서 찾아볼 수 있습니다.

시험문제 출제와 자료 정리에 온 힘을 써준 이종권일본어학원 Japanese Test R&D Center 연구원들에게 감사를 표합니다. 또한 멋진 교재가 나올 수 있도록 모든 노력을 아끼지 않고 도와주신 사람in 박효상 사장님과 편집부 직원들에게도 많은 감사드립니다.

NEW(신) 일본어능력시험 N2 수험생들의 **고득점 합격**을 기원하면서

저자 이종권

목차

'일본어 능력시험'은 단순히 일본어 실력만을 묻는 시험이 아니라, 실제로 사용할 수 있는 일본어 실력을 갖추고 있는가를 중시하는 시험으로, 일본어의 문자·어휘·문법의 언어지식뿐만 아니라, 그 지식을 토대로 커뮤니케이션을 원활하게 할 수 있는가를 판가름하는 시험이다.

● 실질적인 일본어 사용에 중점을 둔 만큼 '독해'와 '청해'의 비중이 높다.

● 시험은 7월과 12월(연 2회)에 실시된다.

1. 급수별 차이 이해하기

'일본어 능력시험'은 1급에서 5급까지의 5단계로 이루어진다.

다음은 급수별로 일본어 능력시험에 합격했을 때 인정되는 사항으로, 학습자는 다음의 사항을 참고로 시험의 급수를 정해 시험에 응할 수 있다.

급수	급수 취득 시 인정되는 사항
N1	여러 방면에서 사용되는 일본어를 이해·사용할 수 있다.
N2	**일상적인 일본어 사용이 가능하고, 좀 더 넓은 방면에서 사용되는 일본어를 어느 정도 사용할 수 있다.**
N3	일상적인 일본어를 어느 정도 사용할 수 있다.
N4	기본적인 일본어를 사용할 수 있다.
N5	기본적인 일본어를 어느 정도 사용할 수 있다.

급수	시험 과목 (시험 시간)		
N1	언어지식(문자 · 어휘 · 문법) · 독해 110분		청해 60분
N2	언어지식(문자 · 어휘 · 문법) · 독해 **105분**		청해 **50분**
N3	언어지식(문자 · 어휘) 30분	언어지식(문법) · 독해 70분	청해 40분
N4	언어지식(문자 · 어휘) 30분	언어지식(문법) · 독해 60분	청해 35분
N5	언어지식(문자 · 어휘) 25분	언어지식(문법) · 독해 50분	청해 30분

3. 시험 점수의 배점 구분 및 합격선

급수	배점 구분		득점 범위
N1	언어지식(문자 · 어휘 · 문법)	60	100점 만점으로 환산
	독해	60	100점 만점으로 환산
	청해	60	100점 만점으로 환산
	만점		300
N2	**언어지식(문자 · 어휘 · 문법)**	**60**	**100점 만점으로 환산**
	독해	**60**	**100점 만점으로 환산**
	청해	**60**	**100점 만점으로 환산**
	만점		**300**
N3	언어지식(문자 · 어휘 · 문법)	60	100점 만점으로 환산
	독해	60	100점 만점으로 환산
	청해	60	100점 만점으로 환산
	만점		300
N4	언어지식(문자 · 어휘 · 문법) · 독해	120	200점 만점으로 환산
	청해	60	100점 만점으로 환산
	만점		300
N5	언어지식(문자 · 어휘 · 문법) · 독해	120	200점 만점으로 환산
	청해	60	100점 만점으로 환산
	만점		300

합격은 전체 점수의 총점으로 결정되는 것이 아니라, 각 과목당 기준점이 있어, 모든 과목에서 기준점을 획득해야 합격할 수 있다. 한 과목이라도 기준점에 미달되었을 시에는 불합격 처리된다.

일본어 능력시험 N2 문제 유형 총정리

시험 과목 (시험시간)			문제유형	유형 설명	문항수	문제 풀이 소요 시간
언어 지식 · 독해 (105분)	문자 · 어휘	問題1	한자읽기	문장에서 밑줄 친 부분의 한자의 読み方를 찾는 문제	5	110분 중 20분 내에 문제를 해결한다.
		問題2	한자표기	히라가나로 쓰여 있는 어휘의 한자를 찾는 문제	5	
		問題3	어형성	파생어나 복합어의 지식을 묻는 문제	5	
		問題4	문맥규정	문장의 문맥에 맞게 괄호 안에 들어갈 가장 알맞은 어휘를 찾는 문제	7	
		問題5	유의어 표현	문장에서 밑줄 친 어휘와 가장 가까운 표현을 찾는 문제	5	
		問題6	용법	주어진 어휘가 가장 알맞게 사용된 문장을 찾는 문제	5	
	문법	問題7	문법형식 판단	괄호 안에 들어갈 가장 알맞는 문법적 기능어를 찾아 문장을 완성하는 문제	12	110분 중 20분 내에 문제를 해결한다.
		問題8	문장 조합	선택지로 주어진 1~4의 어휘를 나열하여 문장을 완성한 후, ★ 표시가 된 부분에 들어갈 표현을 찾는 문제	5	
		問題9	문장 속 문법	글을 읽고 빈 칸에 들어갈 표현을 찾는 문제	5	
	독해	問題10	내용이해(단문)	단문을 읽고 푸는 문제	5	110분 중 65분 내에 문제를 해결한다.
		問題11	내용이해(중문)	중문을 읽고 푸는 문제	9	
		問題12	종합 이해	두 개 이상의 글을 읽고 비교 · 통합 후 푸는 문제	2	
		問題13	주장 이해(장문)	장문의 글을 읽고 저자의 주장이나 의견 등을 찾는 문제	3	
		問題14	정보 검색	공고, 팸플릿, 정보지 등의 글을 읽고 정보를 찾는 문제	2	
청해 (50분)		問題1	과제 이해	구체적인 과제 해결에 필요한 정보를 듣고, 다음에 일어날 사항을 묻는 문제	5	청해는 문제 유형별로 주어지는 시간에 차이가 있으므로, 먼저 문제 유형을 확실하게 파악한 후, 문제 유형에 익숙해지는 것이 중요하다.
		問題2	포인트 이해	대화 혹은 한 사람의 이야기를 듣고, 내용의 포인트를 파악하는 문제	6	
		問題3	개요 이해	내용의 전체를 듣고 화자의 의도 및 주장 등을 파악하는 문제	5	
		問題4	즉시 응답	짧은 글 또는 대화문을 듣고 적절한 응답을 찾는 문제	12	
		問題5	종합 이해	긴 내용을 듣고, 두 개 이상의 정보를 비교 · 통합하는 문제	4	

독해 만점을 위한 워밍업

1. 접속사

논리 전개나 필자의 주장 또는 원인·이유를 묻는 문장은 접속사의 사용에 주의해야 한다.
접속사의 종류는 다양하나 독해 문제 풀이를 위해 필요한 부분만을 정리하자.

1. 원인·이유

01 **なぜなら** 왜냐하면

私は兄が嫌いだ。なぜなら、いつも人の文句ばかり言うからだ。

02 **〜というのは** 왜냐하면

最近息子は朝が辛いようだ。というのは、来月の受験に向けて夜中まで毎日勉強
しているからだ。

03 **だって〜もの(もん)** 왜냐면 〜(인)걸

Ⓐ またピーマンだけ残して！ちゃんと全部食べなさい。
Ⓑ だってピーマン、とても苦くておいしくないんだもん。

04 **そのため** 그 때문에

私の両親は体が弱い。そのため、私は高校に入ったらアルバイトをして両親を
少しでも助けたいと思っている。

05 **〜のに** 〜인데

次の試合に向けて僕は一生懸命練習しているのに、監督があまり指示を出して
くれない。

2. 역접 ① 전면 부정

01 しかし 그러나
文化祭の劇の主役が彼女に決まった。しかし、彼女は練習に一度も来ようとしない。

02 けれども 하지만
初めて算数のテストで100点を取ったので嬉しくて父に見せた。けれども父はあまり喜んでくれなかった。

03 だが 하지만
娘は遠足の日をとても楽しみにしていた。
だが、その日風邪をひいて娘は遠足に行けなかった。

04 でも 하지만
クラスの誰もが僕がいい点数をとるとは思っていなかった。でも、僕は一生懸命勉強してクラスで一番の成績をとった。

3. 역접 ② 일부 부정

01 〜なのに 〜인데
まだ給料をもらって3日しか経っていない。なのに財布の中はからっぽだ。

02 〜にも関わらず 〜인데도 불구하고
彼は分かりづらい場所にも関わらずすぐに見つけ出した。

03 それにしても 그렇다고 해도
この店、おいしいことはおいしいけど、それにしても高すぎない？

04 それでも 그래도
この仕事は他の仕事に比べて大変だ。それでも私は最後までやり抜きたい。

01 それに 게다가

田舎は静かだし、それに空気もきれいなので好きだ。

02 それから 그리고, 그러고 나서

お母さんが出かけている間、掃除お願いね。それから雨が降らないうちに犬の散歩もよろしく。

03 そればかりか 그뿐만 아니라

ここは他の店で買うより10％～20％安くしてくれる。そればかりか毎日10人に1000円分の商品券をくれる。

04 また 또, 또한

私の兄は教師であり、また画家でもある。

05 および 및, 과, 와

今回のメモリーズのコンサートは東京、および大阪で行われる予定です。

01 ただし 단, 다만

郵便局の営業時間は午前9時から午後の5時までです。ただし、毎月第二金曜日
は午前9時から午後7時まで営業しています。

02 もっとも 그렇다고는 하지만, 다만

試合のトレーニングとして毎日10km走ること！ もっとも毎日それぐらいの距離
を走っていた人にはトレーニングにならないかもしれないが。

03 なお 또한

これで商品についての説明を終わります。なお、より詳しい情報を知りたい方は
わが社のホームページをご覧ください。

04 ちなみに 덧붙여 말하면

今年の南町の運動会ではAチームが優勝した。ちなみに去年優勝したのもAチーム
だった。

05 ただ 단

友達と遊びに行ってもいいよ。ただ、7時までには帰ってきてね。

問題1 次の文章を読んで、 1 から 5 の中に入る最もよいものを、1・2・3・4から一つ選びなさい。

　高校1年生の夏休みに社会経験を積もうとアルバイトをしました。何のアルバイトかと言うとホテルの中にあるレストランのウエイトレスです。私は始めこの仕事が簡単そうだなと思い、決めました。 1 、私の中でウエイトレスは料理をテーブルまで運んだりテーブルの片づけをしたり、注文をとったりする簡単な仕事だと思ったからです。 2 、実際にやってみるとそんな単純なものではありませんでした。 3 料理の運び方から歩き方までお客様にいい印象を与える方法があり、それを一から覚えなければならなかったからです。始めはただ覚えなければならないというプレッシャーでとても辛い日が続きました。 4 、私を教えてくださった先輩(せんぱい)の一言でプレッシャーがなくなりました。その一言とは「レストランはいくら料理の味がよくても、ウエイトレスの態度(たいど)やサービスが悪ければ全てが台無し(だいな)(注1)になってしまうの。」でした。私はその言葉に衝撃(しょうげき)(注2)を受けるとともにこの仕事の深さを実感しました。それからは私もお客様が楽しんで食事してもらえることを心がけながら(こころ)(注3)仕事するようになりました。そして、私はこの仕事が大好きになり高校2年生、3年生の夏休みもウエイトレスのアルバイトをしました。 5 大学に入ってからもこのアルバイトを続けるつもりです。

（注1）台無し(だいな)：物事が全くダメになること
（注2）衝撃(しょうげき)：瞬間的(しゅんかんてき)に大きな力を加えること
（注3）心がける(こころ)：気をつけること

1

1 それに　　　　2 でも　　　　3 なぜなら　　　　4 なのに

2

1 および　　　　2 しかし　　　　3 そのため　　　　4 なお

3

1 というのは　　　　2 ただし　　　　3 また　　　　4 および

4

1 そればかりか　　　　2 なお　　　　3 それから　　　　4 でも

5

1 だって　　　　2 ちなみに　　　　3 けれども　　　　4 それでも

問題2　次の文章を読んで、 1 から 5 の中に入る最もよいものを、1・2・
　　　　3・4から一つ選びなさい。

　よく人の目を見ると、口で話さなくても相手の考えがだいたい分かると言いますよ
ね。そこで、今日は目の動き(注1)や状態の心理について見ていきたいと思います。
　まずは、相手を見ずに話をする人の心理についてです。こういう人は隠し事(注2)を
している可能性が高いです。人は隠し事をしていると相手の視線(注3)を避けようとす
るからです。 1 、これは男性によく言えることです。女性は逆にうそや隠し事を
する時、相手をまっすぐ見つめようとします。 2 、女性は相手が自分の言う事を
疑わずに聞いてくれるかどうかを相手の目の動きや表情の変化から読み取ろう(注4)と
するからです。
　次に会話中に目を大きく開く人の心理です。これは自分をよく理解してほしい時の
合図です。 3 、ほめてもらうのを待っている場合も考えられます。
　最後に口が笑っていても目が笑っていない人の心理です。あるデータで人は本当に
面白いとき、90％が口に表れ(注5)、残り10％が目に表れることが分かっています。
4 、こういう人は、心の底からおもしろいと思っていない可能性があります。
　 5 、これらは必ず全ての人にあてはまるというわけではありませんが、参考に
はしてもらえると思います。

（注1）動き：動くこと
（注2）隠し事：隠していること
（注3）視線：目の向き
（注4）読み取る：外の部分から中の事を理解しようとする
（注5）表れる：考えなどが他人に知られること

1

1 なのに　　　　2 ただし　　　　3 そればかりか　4 だって

2

1 というのは　　2 そのため　　　3 それでも　　　4 それに

3

1 それにしても　2 だが　　　　　3 でも　　　　　4 また

4

1 そのため　　　2 けれども　　　3 だって　　　　4 しかし

5

1 なぜなら　　　2 そればかりか　3 なお　　　　　4 それに

問題３　次の文章を読んで、　1　から　5　の中に入る最もよいものを、１・２・
　　　　３・４から一つ選びなさい。

　現代の社会の中で生活しているとストレスを感じることが多いと思います。
　1　、ストレスを抱えたままでは体にも心にもよくありません。皆さんはどうや
ってストレスを発散(注1)させていますか。ある調査でストレス発散法をランキング形
式で発表しました。１位はお風呂に入ることです。お風呂にリラックス効果があるこ
とは科学的にも証明されています。　2　、ただ入るのではなく、マッサージをした
り音楽を聞くことで効果は更に高まります(注2)。２位は睡眠です。寝ることで疲れを
取ることは全ての人に効果があるストレス解消(注3)法と言えるでしょう。　3　、ス
トレスがたまりすぎると深い睡眠をとることができない場合もあるので注意が必要で
す。３位はカラオケ(注4)です。カラオケで歌って大声を出すことでストレス解消効果
が高まることが最近分かってきました。　4　、最近一人でカラオケに行く人が増え
ているのでしょう。自分の好きな歌を誰に気にすることなく歌えるのでよりストレス
を発散させられるのでしょう。
　5　、一人でカラオケに行く勇気がないが、一人で歌いたいという人には家庭用
カラオケの機械もたくさん売られているのでチェックしてみてください。
　このように見てみると身近(注5)なものでストレスを解消できることが分かります。
皆さんも自分だけのストレス発散法を作ってみてください。

（注１）発散：中でたまっていたものが外に散って出ること
（注２）高まる：物事の程度が増すこと
（注３）解消：今までの状態や関係が消えてなくなること
（注４）カラオケ：歌の音楽のみが流れる機械
（注５）身近：自分と深い関係にあること

1

　　1 しかし　　　2 および　　　3 なお　　　4 だって

2

　　1 それにしても　　2 なのに　　　3 また　　　4 なぜなら

3

　　1 ただし　　　2 それに　　　3 そのため　　　4 というのは

4

　　1 なぜなら　　2 そればかりか　　3 もっとも　　4 そのため

5

　　1 ちなみに　　2 なのに　　　3 そればかりか　4 それでも

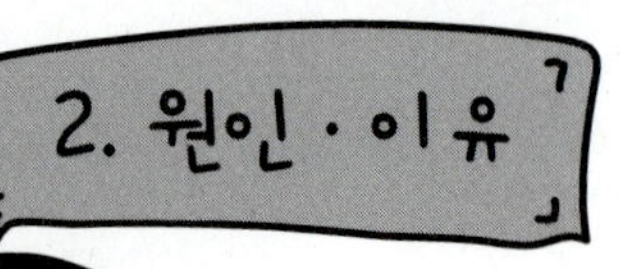

「なぜ」「どうして」 즉, '왜?' 라고 하는 문제에서 정답을 찾을 때 필요한 것은 문제에서 주어진 질문이다. 그 질문이 지문의 어디에 있는지를 찾아서 그 부분의 내용을 정독해야 한다. 즉, 질문의 키워드를 찾는 것이 중요하다.

정답으로 사용되는 표현에는 가장 기본적인 것이 「〜からだ。〜からである。〜のだ。〜のである。〜ためだ。〜ためである。」 등이 있다.

問題1 次の文章を読んで、後の問いに対する答えとして、最もよいものを1・2・3・4から一つ選びなさい。

みなさんは自分でも気づかないうちに猫背(ねこぜ)になっていませんか。猫背とは人の背中が猫の背中のように丸くうちがわに曲がってしまう現象を言います。この猫背は年々(ねんねん)(注1)若い人の間で深刻になっています。最近行われた調査で自分が猫背だと答えた人が20代女性が最も多く、全体の60パーセントを超えました。そして、その人たちは正しい姿勢(しせい)を維持(いじ)する時の疲労(ひろう)(注2)度が他の人に比べて高いことも分かりました。ところで猫背の原因は一体何なのでしょうか。それは、長い時間机の前に座ったり、コンピュータを使って仕事をすること、また運動不足や老化(ろうか)(注3)などで背中の骨を支える筋肉(きんにく)が弱る(よわる)(注4)ことなどがあります。

（注１）年々：毎年
（注２）疲労：疲れること
（注３）老化：年をとって体の機能が悪くなること
（注４）弱る：体が弱くなること

1 人が猫背になる原因として当てはまらないものはどれか。

1 運動をしないこと

2 背中の骨の筋肉を弱らせること

3 立ったままコンピュータをすること

4 長時間机に座りながら作業をすること

問題2 次の文章を読んで、後の問いに対する答えとして、最もよいものを1・2・
　　　3・4から一つ選びなさい。

　ミコの子犬は、本当に可愛いです。名前はポールと言います。これはミコが3日
も考えてつけました。ミコはポールが大好きです。ポールもミコの言うことは何でも
も聞きます。また、ミコの行く所へは、どんな所でも付いていきます。
　「ポール」とミコが呼ぶと、ポールは一目散に駆けて（注1）きて、ミコが話すのを待っ
ています。
　近所のおばさんたちもポールを見ると、「可愛いポール。」と言いながらクッキー
をごちそうしてくれます。そして、ミコを見ると、①「ミコちゃんは何てお利口なん
でしょう。」と言って、ほめてくれるのです。それは、ミコが一人で川で溺れている
ポールを助けたからです。

（注1）駆ける：人や動物が速く走ること

1　①「ミコちゃんは何てお利口なんでしょう。」と言って、ほめてくれるのですと
　　あるが、それはなぜか。

　1　ポールの名前を時間をかけて考えたから

　2　ポールとおしゃべりすることができるから

　3　誰の力も借りずポールを救ったから

　4　ポールの世話をミコだけがしているから

問題3 次の文章を読んで、後の問いに対する答えとして、最もよいものを1・2・
　　　3・4から一つ選びなさい。

　現在大人の中で、野菜嫌いの人はあまり聞かないが、子供たちは野菜が嫌いな子
が多い。しかし、ある説で昔(原始時代(注1))の人は①大人も子供もみんな野菜が嫌
いだったという話がある。その理由として野菜に毒が含まれていたことが考えられ
る。
　野菜は植物のため、外敵(注2)から身を守りたくても動けない。そこで、野菜は自ら
毒を作ることで食べられないようにしたのだ。このため、人間の体にも悪影響(注3)を
及ぼす量の毒が含まれていたため、昔の人は食べようとしなかったのだろう。現在
も、毒を少しでも減らすために品種改良(注4)が行われているが、毒が0になったわけ
ではない。

(注1)　原始時代：石などを道具として暮らしていた時代
(注2)　外敵：外部から攻撃してくる敵
(注3)　悪影響：悪い影響のこと
(注4)　品種改良：作物などを目的に合った形に変えること

1　①大人も子供もみんな野菜が嫌いだったとあるが、それはなぜか。

　1　人間の体に良い影響しか与えようとしなかったから

　2　人が近づくと野菜は身から毒を出すから

　3　野菜が自ら毒を作るから

　4　毒の入った野菜が売られていたから

필자의 주장이나 의도를 파악하는 문제에서 정답이 있는 곳은 크게 문장의 흐름으로 보아 순접표현과 역접표현 뒤가 많다.

1. 앞 문장에서 조건과 예를 들고, 순접표현(원인·이유)을 가져오고, 그 뒤에 필자의 주장을 하는 흐름이다.

2. 앞 문장에서는 타인의 의견이나 일반적인 사항, 그리고 일부 주장을 인정하는 문장이 나오고, 그 다음에 역접표현과 함께 필자의 주장이 나온다.

필자의 주장은 다음과 같은 표현을 동반하고 있으니 주의 깊게 살펴보자.

필자가 주장하는 내용과 같이 쓰이는 표현!!

01 **〜べきだ。** ~해야 한다.

健康になるためには正しい生活習慣を身につける**べきだ**。

02 **〜はずだ。** ~할 것이다.

たくさん宣伝したのでこの商品はたくさん売れる**はずだ**。

03 **〜なければならない。** ~하지 않으면 안 된다.

夏になると虫が多くなるので、畑の野菜が食べられないようにカバーをかけ**なければならない**。

04 **〜ねばならぬ。** ~하지 않으면 안 된다.

明日までにこの仕事を全部終わらせ**ねばならぬ**。

05 **〜と思う。** ~라고 생각한다.

人生において経験することは重要だ**と思う**。

06 ～と考えている。 ～라고 생각하고 있다.
そろそろ次の小説を書こうと考えている。

07 ～ではないだろうか。 ～(하)지 않겠는가.
新しい薬が発明された。この薬が普及することで病気への効果が期待できるのではないだろうか。

08 ～ではないか。 ～(하)지 않는가.
これだけみんな反対しているのだから、新しい対策を早く考えるべきではないか。

09 ～だろう。 ～일 것이다.
地球環境は何もしなければ、この先悪くなり続けるだろう。

10 ～でしょう。 ～일 것이다.
一生懸命努力していけば、あなたの夢は実現できるでしょう。

11 ～わけだ。 ～하는 것이다. ～하는 것이 당연하다.
彼は病気だから学校に来られないわけだ。

12 ～たいものだ。 ～하고 싶다.
40歳までには部長になっていたいものだ。

13 ～ほしいものだ。 ～하고 싶다.
来年は明るいニュースだけ起きてほしいものだ。

問題1　次の文章を読んで、後の問いに対する答えとして、最もよいものを1・2・
　　　　3・4から一つ選びなさい。

　父の日は世界によって様々だが、日本では6月の第3日曜日が父の日だ。ある
雑誌で父の日に関する調査が行われた。それは女性と男性(娘と息子)に「父の日に
プレゼントをあげるか」という質問をするというものだった。それに対し、女性
はプレゼントをあげると答えた人があげない人より多かったが、男性はプレゼン
トをあげると答えた人が半分以下だった。

　しかし、「プレゼントをあげる」と答えた男女に「いつ準備するか」と質問したと
ころ「一週間前から準備を始める」と答えたのは女性より男性が多かった。私は男
性より女性が時間をかけると思っていたのでこの結果には驚いたが、娘よりも息
子の方が慎重にプレゼントを選ぼうとしていることが分かった。

1　筆者の意見と合っているものはどれか。

　1　父は息子よりも娘からプレゼントをもらうほうが嬉しいはずだ。

　2　プレゼントをいつ準備するかという質問の結果が意外だった。

　3　女性も男性も父にプレゼントをあげるのは当たり前だ。

　4　プレゼントは慎重に選ぶ必要はない。

問題2 次の文章を読んで、後の問いに対する答えとして、最もよいものを１・２・
　　　 ３・４から一つ選びなさい。

　私は雷が本当に嫌いだ。ゴロゴロと雷が鳴ると、どこにいても生きた心地(注1)が
しない。子どもの時は雷が嫌いでもどこかに隠れたり家でじっと雷が鳴り止むの
を待てばいいが、大人になった今はそんなことはできないので、平然(注2)に振舞っ
たり話したりするが、全く耳に入ってこない。心の中は怯えっぱなし(注3)で時々、
目を閉じたり口笛(注4)を吹いてみたりするが、雷が鳴っている間は雷のことしか考
えられない。雷が鳴り止むと精神的に疲れてぐったり(注5)してしまうほどだ。どう
にか(注6)雷を怖がらない方法を見つけたいのだが、今だに見つけられていない。

（注１）心地：気持ち
（注２）平然：平気な様子
（注３）怯える：恐ろしくて声を出すこと
（注４）口笛：口を少し開けて、息を強く出して笛のような音をたてること
（注５）ぐったり：疲れ・病気などで力の抜けた様子
（注６）どうにか：何とか

1 　筆者の意見と合っていないものはどれか。

　１ 子ども達が雷を怖がらないようにいい方法を見つけたい。

　２ 小さい頃から大人になった今までずっと雷が嫌いだ。

　３ 雷が鳴っている時は頭の中で雷のこと以外考えられなくなる。

　４ 雷が鳴り止むまで怯え続けてしまう。

問題３ 次の文章を読んで、後の問いに対する答えとして、最もよいものを１・２・
　　　 ３・４から一つ選びなさい。

　私は、愛する者や親しい者が死んでしまうことが多くなるにつれて、死(注1)の恐
怖は薄らいでいく(注2)ように思われる。生まれてくる者よりも死んでいった者に一
層近く自分を感じることは、年齢の影響が大きいだろう。30代の者は40代の者
よりも20代の者に、しかし40代に入った者は30代の者よりも50代の者に、
一層近く感じるのであろう。40歳をもって初老(注3)とすることは東洋の知恵を示
している。それは単に体の衰え(注4)を意味するのではなく、むしろ(注5)精神の老熟
(注6)を意味している。この年齢に達した者にとって死は慰めとしてさえ感じられる
こともある。

（注１）死：死ぬこと
（注２）薄らぐ：程度が弱くなっていくこと
（注３）初老：自分で年をとったなと思う年
（注４）衰え：弱くなる
（注５）むしろ：却って
（注６）老熟：経験を積んで、物事に慣れること

1　筆者の意見と合っているものはどれか。

　１ 東洋だけでなく西洋でも40歳で初老とすると決めたほうが良い。

　２ 周りの人が死んでしまうことを経験するうちに死に対する恐怖はどんどん
　　　小さくなっている。

　３ 40代の人は50代の人よりも30代の人に親しみを感じるものだ。

　４ 体の衰えが始まって初めて死を慰めとして感じられるようになる。

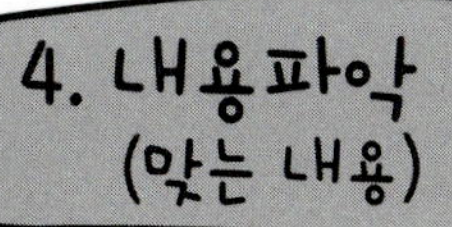

　본문의 내용을 파악하는 문제유형에서는 주로 필자의 주장을 찾는 문제가 출제되지만, 본문과 맞는 내용을 찾는 문제도 출제된다.

　무엇을 묻는 문제든 단순히 본문과 일치하는 내용을 찾기보다는 질문의 내용을 파악한 후, 질문에 맞는 내용을 본문에서 빨리 찾아내는 것이 중요하다.

1. 먼저 질문의 요지를 파악한다.

2. 본문을 속독으로 읽어 전체 흐름을 파악한다.(문제에 따라서는 선택지를 먼저 읽어야 할 때도 있으니 상황에 맞게 대처하자.)

3. 선택지를 읽으면서 질문과 본문의 내용에 일치하는지, 틀렸으면 어디가 어떻게 본문과 다른지를 본문에 표시해 가며 읽어간다.

4. 정답을 찾는 것도 중요하지만, 왜 오답인지를 제대로 잘 파악하면 정답은 금방 눈에 들어오게 되어 있다.

5. 문제 푸는 요령이라면, 대부분의 이런 유형의 문제는 필자가 주장하는 것이 정답이 되는 경우가 많다. 중심문과 필자가 주장하는 부분을 눈여겨보면 정답으로 가는 길이 보일 것이다.

問題１　次の文章を読んで、後の問いに対する答えとして、最もよいものを１・２・３・４から一つ選びなさい。

　書斎の本棚に置き忘れてきた(注1)という父の眼鏡を取りに直子が廊下を歩いているとき電話が鳴った。電話に出ると姉の声で、昼前に家に来るということだった。早々(注2)と電話を切り、眼鏡を持って玄関に行くと待っていた父が「遅い！」と怒鳴った。

　家の外まで父を見送ると、車の扉(注3)をあけて運転手が待っていた。そして直子が「行ってらっしゃい。」と声をかけても、父はこちらを少しも見ることはなく、車は出発した。

　昔は父も口に出して人を叱ったことはなく、不満があっても表情が暗くなるだけだったのだが、母が亡くなってからはすぐにいらいらした素振り(注4)を見せるようになった。

（注１）置き忘れる：物を置いたまま、持ってくるのを忘れること
（注２）早々：急いで何かをする様子
（注３）扉：ドア
（注４）素振り：態度や行動に表れている様子

1 本文の内容と合っているものはどれか。

1　母がいてもいなくても直子に対する父の態度は同じだ。

2　直子が姉に電話をかけたため直子は父に怒鳴られた。

3　直子が車の前まで見送りに行くと、いつも父は喜ぶ。

4　直子の父は母が死んで以来、気に入らないことがあると態度に出すようになった。

問題2　次の文章を読んで、後の問いに対する答えとして、最もよいものを１・２・
　　　　３・４から一つ選びなさい。

　マンスリーマンションとは月や週単位の短い期間でも借りられる部屋のことな
のだが、最近学生や出張中のサラリーマンにとても人気がある。その理由として
まずは電気や水道などの手続きがいらないことだ。普通のマンションであれば手
続きした後から電気や水道を使うことができるのだが、マンスリーマンションで
は入ったその日から手続きしなくても使うことができる。また、家具や生活用品
(注1) が始めから備え付けられている(注2) ところも大きな魅力だ。引っ越しの準備を
しなくても自分の服など最低限(注3) のものさえもってくればすぐ住むことができる
ので大変便利だ。

（注１）生活用品：生活に必要な物
（注２）備え付ける：必要な物をいつでも使えるようにいつも同じ場所に置いて
　　　　　　　　　　おくこと
（注３）最低限：最低の限度

[1] 本文の内容と合っているものはどれか。

　１ マンスリーマンションは家具を買う必要がないことだけが長所だ。

　２ マンスリーマンションは短期で家を借りたい人に便利だ。

　３ マンスリーマンションは普通のマンションよりも引っ越しの準備に時間がかか
　　　る。

　４ マンスリーマンションでは電気の手続きをすれば普通のマンションよりも早く
　　　使うことができる。

問題3 次の文章を読んで、後の問いに対する答えとして、最もよいものを１・２・
　　　３・４から一つ選びなさい。

　諺とは、人々の生活の知恵や、一般的な真理(注1)を言葉で表したもので、昔から
多くの人によって伝えられてきたものです。日本で有名な諺の中に「猫の手も借り
たい」というものがあります。これは、借りたくない、または借りても使えない
猫の手すら(注2)借りたくなるほど忙しいという意味です。日本の諺にはこのように
動物が入っている諺が多くありますが、他の動物に比べ猫は否定的な意味を持つ
場合に多く使われています。上に書いた諺もそうですし、「猫に小判(注3)」という諺
からもそれが分かります。この諺の意味が価値の分からない者に高価なものを与
えても意味がないという意味だからです。

（注１）真理：どんなときも変わらない本当のこと
（注２）〜すら：〜でさえ
（注３）小判：昔に使われていたお金

☐1 本文の内容と合っているものはどれか。

　１　猫が入っている諺は、否定的な意味を持たない場合によく使われる。

　２　諺は最近作られたもので、人々の生活の知恵などを短い言葉で表したものだ。

　３　「猫の手も借りたい」という諺は物事を早くできる猫の手を借りると忙しくなく
　　　なるという意味だ。

　４　動物が含まれている諺が日本にはたくさんある。

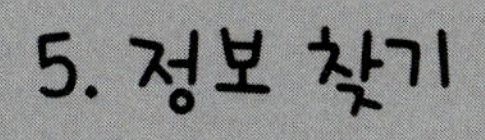

독해 문제에서 정보 찾기 유형은 도표에 의한 정보가 주어지고 문제가 따로 주어지는 타입이다.

1. 중요한 것은 질문이 무엇인지를 먼저 보고, 주어진 도표에서 필요한 부분을 찾아내는 것이다. 지문을 읽고 문제를 푸는 유형보다 시간적으로 여유가 있으므로, 너무 서두르다가 중요한 부분을 놓치는 일은 없어야 하겠다.

2. 주어진 도표에서 특정조건에 맞는 것을 골라 수를 세어야 하는 경우도 있고, 그 중 하나만을 골라야 하는 경우도 있다. 조건에 맞는 수를 세어야 할 경우는 모든 데이터를 비교해서 골라내야 하지만, 하나만을 골라야 하는 경우는 선택지 중에서 맞는 것으로 골라내면 되기 때문에 문제를 먼저 파악하는 것이 시간적으로 효율적이다.

3. 문제를 풀 때 선택지에서의 사소한 조사의 쓰임이라든가 부정표현으로 바뀌었는지를 꼼꼼히 비교해야만 실수를 줄일 수 있다.

問題1 次は、Kirei美容室の料金表である。下の問いに対する答えとして、最もよい
ものを、1・2・3・4から一つ選びなさい。

1 大学生のゆう子さんはカラーと一部改善トリートメントをしたいと思ってい
る。ロングヘアのゆう子さんがこの二つをする場合の価格はいくらか。

1 5500円

2 6500円

3 7500円

4 8500円

2 セット料金の中で別々にするのと価格差が一番大きいものはどれか。

1 ①

2 ②

3 ③

4 ④

Kirei美容室 料金表

＊カット

大人（18歳以上）	高校生	中・小学生	小学生以下	前髪カット
4000円	3500円	3000円	2000円	800円

＊カラー … 3500円

＊パーマ（シャンプー込み）

一般パーマ	デジタルパーマ
7000円	15000円

＊トリートメント

一部改善トリートメント	全体改善トリートメント
2000円	4000円

＊シャンプー … 500円

＊セット料金
 ① カット + カラー … 7000円
 ② カット + 一般パーマ … 10000円
 ③ カット + デジタルパーマ … 17000円
 ④ カット + 全体改善トリートメント … 6800円

＊髪の長さによる追加料金（前髪カット・シャンプー以外の全てに含まれる）
 ・肩までの長さ（ミディアム）… +500円
 ・肩以上の長さ（ロング）… +1000円

※ 全てのメニューごとに追加料金がかかります。

問題2 次は、山野大学環境学部の発表スケジュールの表である。下の問いに対する
　　　答えとして、最もよいものを、1・2・3・4から一つ選びなさい。

1 山下楓さんは家庭の事情で発表を一日後にずらしたいと思っている。楓さん
　 はいつまでに事務所にそのことを伝えなければならないか。

　 1　6月6日
　 2　6月7日
　 3　6月8日
　 4　6月9日

2 太陽電池や風力発電についての発表が聞きたい場合はいつ、どこに聞きにい
　 けばよいか。

　 1　6月1日 / 301教室
　 2　6月4日 / 303教室
　 3　6月8日 / 301教室
　 4　6月10日 / 303教室

環境学部　６月の発表スケジュール

発表日時	発表場所	発表者	発表題名
６月１日（火） 13：00〜14：00	301教室	田中ゆり子	ゴミ問題
６月１日（火） 14：20〜15：20	301教室	神田トオル	大気汚染
６月３日（木） 13：00〜14：00	305教室	島田良太	水の汚染
６月３日（木） 14：20〜15：20	302教室	牧田あかり	騒音
６月４日（金） 13：00〜14：00	303教室	南真里子	森林が減る！
６月４日（金） 14：20〜15：20	303教室	安井眞	地球の気温が上がり続ける！
６月７日（月） 13：00〜14：00	305教室	木田秋絵	エコ商品
６月７日（月） 13：00〜14：30	303教室	高橋守	砂漠化
６月７日（月） 14：30〜16：00	301教室	山田道子	地球の寿命
６月８日（火） 14：00〜15：00	301教室	鈴木花	地球に残っている資源
６月８日（火） 14：30〜15：30	305教室	山下楓	北極に住んでいる動物の未来
６月９日（水） 13：00〜14：00	303教室	森田順	酸素が減り続けると…
６月10日（木） 13：00〜14：00	302教室	山口正	魚や動物を育てる
６月10日（木） 13：00〜14：00	301教室	森本しおり	瓶や缶のごみについて
６月10日（木） 13：00〜14：00	303教室	水野貴子	自然エネルギー

※ 発表の際の注意

何かの事情で発表日を変更したい人は変更前の発表日の２日前までに事務所に
伝えること。

問題3 次は、神戸から奈良までの電車の乗り換え案内である。下の問いに対する答えとして、最もよいものを1・2・3・4から一つ選びなさい。

1 パターン①〜④の中で一番乗車時間の短い電車が入っているものはどれか。

1 パターン①

2 パターン②

3 パターン③

4 パターン④

2 神戸から大阪まで一番遅く到着する電車の大阪到着時間はどれか。

1 12時14分

2 12時38分

3 13時09分

4 13時48分

神戸 (兵庫) → 奈良

パターン①　早・楽

所要時間：１時間２３分　乗車時間：１時間１７分　乗換：２回　総額：1,380円

	●	神戸	
12:07〜12:38 （31分）	↓	ＪＬ 東山本線快速（大阪行）	1,380円
（5分）	○	大阪	
12:43〜12:56 （13分）	↓	ＪＬ 大阪環状線右回り快速	↓
（1分）	○	天王寺	
12:57〜13:30 （33分）	↓	ＪＬ 西日本本線大和路快速（奈良行）	↓
	●	奈良	

パターン②

所要時間：１時間３７分　乗車時間：１時間１８分　乗換：３回　総額：1,160円

	●	神戸	
12:07〜12:38 （31分）	↓	ＪＬ 東山本線快速（大阪行）	390円
（8分）	○	大阪 / 西梅田	
12:46〜12:53 （7分）	↓	地下 大阪市三つ橋線（住之江公園行）	230円
（5分）	○	なんば / ＪＬ難波	
12:58〜13:23 （25分）	↓	ＪＬ 西日本本線快速（高田行）	540円
（6分）	○	王子	
13:29〜13:44 （15分）	↓	ＪＬ 西日本本線（奈良行）	↓
	●	奈良	

パターン③　安

所要時間：1時間37分　　乗車時間：1時間19分　　乗換：3回　　総額：1,110円

	●	神戸	
12:07〜12:38 （31分）	↓	ＪＬ 東山本線快速（大阪行）	390円
（8分）	○	大阪／梅田	
12:46〜12:53 （7分）	↓	地下 大阪市大通筋線（高田行）	230円
（5分）	○	天王寺	
12:58〜13:23 （25分）	↓	ＪＬ 西日本本線快速（高田行）	540円
（6分）	○	王寺	
13:29〜13:44 （15分）	↓	ＪＬ 西日本本線（奈良行）	↓
	●	奈良	

パターン④

所要時間：1時間40分　　乗車時間：1時間17分　　乗換：3回　　総額：1,290円

	●	神戸ハーバーランド	
12:10〜12:14 （4分）	↓	地下 神戸市営海辺線（三宮行）	200円
（7分）	○	三宮・花時計前／反急三宮	
12:21〜13:48 （27分）	↓	私鉄 反急神戸線特急（反急梅田行）	310円
（15分）	○	反急梅田／大阪	
13:03〜13:16 （13分）	↓	ＪＬ 大阪右回り快速	780円
（1分）	○	天王寺	
13:17〜13:50 （33分）	↓	ＪＬ 西日本本線（加茂行）	↓
	●	奈良	

※ＪＬ：ジャパンライン　　地下：地下鉄　　私鉄：私営鉄道

6. 복수의 제시문

　　복수의 지문을 제시하는 문제유형은 두 개 이상의 지문을 읽고, 비교·통합해서 문제를 푸는 유형이다. 읽어야 하는 지문이 많기 때문에, 지문부터 읽고 문제를 파악하게 되면, 다시 지문을 확인해야 할 수도 있어 시간만 낭비하게 되는 실수를 범할 수 있다. 그리고 항상 두 개의 지문을 모두 읽고 푸는 문제만 출제 되는 것이 아니라, 하나의 지문만 읽고 푸는 문제도 출제되기 때문에, 지문을 읽기 전에 문제를 먼저 파악하는 것이 가장 중요하다고 할 수 있다.

問題１ 次のAとBはそれぞれ別の文章である。AとBの両方を読んで、後の問いに
対する答えとして、最もよいものを１・２・３・４から一つ選びなさい。

[A]

　万年筆は1960年代まで手紙などを書く際、文字を書くのに主に使われていた
文房具だ。しかし、1970年代頃から、ボールペンやシャープペンシルが発売
され、人気を集めるようになってからはだんだん使われなくなった。その理由
としてはボールペンやシャープペンシルに比べて価格が高く、しかも細かい手
入れも必要で、紙の種類によってはすぐに滲んで(注1)しまったりするからだ。
　実際、私も一度使ってみたが、やはりすぐに滲んでしまい何を書いていたか
分からなくなってしまった。ボールペンやシャープペンシルを使い慣れている
(注2)子どもや若い人には本当に使いにくいものだと感じた。

[B]

　今、一般的にあまり使われなくなった万年筆。しかし、私は万年筆ほど文字
を繊細(注3)に表現できる文房具はないと思っている。なぜかというと、書く角
度によって線に強弱(注4)が表れて文字に深み(注5)が出る。また、書くとき力を入
れなくてもきれいに文字を書くことができる。これは一度にたくさん文字を書
かなければならないときも非常に便利だ。最後に、万年筆はボールペンに比べ
インクの色がたくさんあるので、書く内容やその時の気分によって好きにデザ
インすることができる。これらのことを踏まえて(注6)皆さんにも一度使ってい
ただきたい。そしてこのことが魅力と感じてもらえれば皆さんにとっても万年
筆がなくてはならない存在となるはずだ。

（注１）滲む：液体が回りに広がること
（注２）使い慣れる：使い続けてその事や物に慣れること
（注３）繊細：細く美しいこと
（注４）強弱：強いことと弱いこと
（注５）深み：深さの割合
（注６）踏まえる：ある事を考慮に入れること

1 Aにのみ触れられている内容はどれか。

　1　万年筆の長所

　2　万年筆の短所

　3　万年筆とボールペンの違い

　4　万年筆とボールペンの共通点

2 万年筆の現在の状況はどれか。

　1　一般的に広く使われている。

　2　子どもたちや若い人たちに多く使われている。

　3　あまり使われていない。

　4　人気がないので今は販売されなくなった。

3 万年筆の使用についてAの筆者とBの筆者はどのような立場をとっているか。

　1　Aは否定的でBは肯定的だ。

　2　Bは否定的でAは肯定的だ。

　3　AもBも肯定的だ。

　4　AもBも否定的だ。

問題2 次のＡとＢはそれぞれ別の文章である。ＡとＢの両方を読んで、後の問いに
　　　対する答えとして、最もよいものを１・２・３・４から一つ選びなさい。

［Ａ］

　　筋肉とは人が身体を動かすのに必要な細胞(注1)です。また、重力に逆らって
(注2)体の各部を持ち上げ体のラインを綺麗に見せる働きもします。しかし、私
たちの体内の筋肉は何もしなければ20歳をピーク(注3)に少なくなり弱くなっ
てきてしまいます。筋肉はトレーニングをしない限り成長せず、維持すること
ができないので弱くならないように日々トレーニングをしなければなりませ
ん。しかし、急にやりすぎると筋肉痛になってしまうので適度にすることをお
勧めします。また、筋肉は体の中で一番多くエネルギーを消費している部分な
ので筋肉が少なくなり弱くなってしまうとエネルギー消費量も減り、余分なエ
ネルギーが脂肪(注4)として体にたまってしまい体重の増加にもつながります。
このことから筋肉を強くすることでダイエットの効果も期待できることが分か
ります。

［Ｂ］

　　筋肉をつけるためには筋力(注5)トレーニングが必要ですが、このトレーニン
グをする人が最近増えてきています。筋力トレーニングをする上でよくなる症
状が筋肉痛です。筋肉痛とはその名の通り筋肉が痛くなることなのですが、筋
肉痛が起こる理由についてはまだ完全に明らかにされていません。しかし、疲
労(注6)物質の蓄積(注7)や筋肉の損傷(注8)や炎症(注9)などが原因ではないかと考えら
れています。
　　トレーニングをしている人の中には筋肉痛は筋肉の発達のために必要な物だ
と考えている人もいるようですが、それは間違いです。それどころか筋肉痛は
筋肉の発達の邪魔をするものなのでできるだけ筋肉痛が出ないようにトレーニ
ングすることが大切です。その方法としては、簡単なトレーニングから始めて
いくこと、トレーニング方法を何回も変えないことなどがあります。

（注１）細胞：生物の体を作る基本的なもの
（注２）逆らう：物の流れなどの逆の方向に進むこと
（注３）ピーク：物事の程度の最高の時
（注４）脂肪：体の肉となる部分
（注５）筋力：筋肉の力
（注６）疲労：疲れること
（注７）蓄積：たくさん蓄えること
（注８）損傷：人や物に傷がつくこと
（注９）炎症：傷ややけどなどのこと

1 AにもBにも触れられている内容はどれか。

1 筋肉を強くするためのトレーニングはダイエットの効果も期待できる。

2 筋肉痛が起きる仕組みについてはまだきちんと分かっていない。

3 筋肉は20歳を超えるとだんだん少なくなってくる。

4 筋肉を強くするためにはトレーニングが必要だ。

2 筋肉を強くするためのトレーニングについてそれぞれAとBの筆者はどのような意見を述べているか。

1 Aは必要だが筋肉痛にならない程度にする方がいいと言っており、Bは筋肉痛が出るまでする方がいいと言っている。

2 AもBも必要だが筋肉痛にならない程度にする方がいいと言っている。

3 Aは筋肉痛が出るまでする方がいいと言っており、Bは必要だが筋肉痛にならない程度にする方がいいと言っている。

4 AもBも筋肉痛が出るまでする方がいいと言っている。

3 筋肉痛について正しく書かれているものはどれか。

1 筋肉の損傷や炎症が筋肉痛の原因として明らかにされた。

2 始めからきついトレーニングをすると筋肉痛が出やすい。

3 筋肉痛には筋肉を発達させる働きがある。

4 筋肉痛とはトレーニングをすると誰もがなるものだ。

問題3　次のＡとＢはそれぞれ別の文章である。ＡとＢの両方を読んで、後の問いに
　　　対する答えとして、最もよいものを１・２・３・４から一つ選びなさい。

［Ａ］

　　日本は６月は梅雨（つゆ）の時期です。梅雨の時期は雨の日が多く、湿度も高いので
過ごしづらい日が続きます。そして、梅雨の時期は人の活動量も少なくなりま
す。そのため、食欲もあまり出ず、元気もなくなってくる時期といえます。し
かし、この時期をただダラダラ（注1）と過ごしてしまっては夏バテ（なつ）（注2）の原因とな
ってしまうので健康管理（けんこうかんり）をきちんとしなければなりません。
　　健康管理の方法としては、気温差による疲れを感じないために、毎日天気予
報で最低気温と最高気温をチェックし、着ていく服を考えるようにしてくださ
い。また、この時期は冷房（れいぼう）がかかっている場所にいる場合が多いと思うので、
体が汗をかきにくい状態（じょうたい）になります。それにより体の血の循環（じゅんかん）が悪くなり体
が弱くなってしまいます。そこで38〜40℃くらいのぬるめのお湯に長時間入（ちょうじかん）
り、汗を出して血の循環をよくすることも重要です。

［Ｂ］

　　梅雨の時期の皆さんの悩み（なや）（注3）は何ですか？　高い湿度による湿気、臭い（にお）など
色々あると思いますが、その中でもカビは皆さんにとって強敵（きょうてき）（注4）だと思いま
す。梅雨から夏にかけて多く発生する（はっせい）（注5）カビ。今日はカビ対策（たいさく）についてお話
したいと思います。
　　まず、カビが生える条件（じょうけん）について説明します。条件は４つあります。湿度、
温度（20度以上）、カビにとっての栄養分（えいようぶん）（注6）となるもの（衣類（いるい）（注7）、木、残飯（ざんぱん）（注8）
など）、酸素（さんそ）です。①これらが揃う（そろ）とカビが一気に増えてしまいます。これら
の条件が揃わないような部屋にするのが一番の対策なのですが、人が生活する
中でそれはとても難しいです。では具体的な対策はないのでしょうか。それ

は、まず、部屋の換気をすることです。換気をすることで部屋の湿度は低くなりますから、カビが増えやすい環境ではなくなります。また、洗濯物を部屋に干すことも湿度を高くするのでやめましょう。次に、ゴミ箱は清潔にしておきましょう。カビはゴミもえさにして増えていくのでえさを家の中に長時間置かないようにしてください。

（注１）ダラダラ：何をするわけでもなくただいる状態
（注２）夏バテ：夏の暑さのために体が弱くなること
（注３）悩み：悩んでいること
（注４）強敵：とても強い敵
（注５）発生する：物事が起こること
（注６）栄養分：食物の中に含まれている栄養となる成分のこと
（注７）衣類：服のこと
（注８）残飯：食べ残した料理

1 A、B両方に出てきている内容はどれか。

1 梅雨の時期は健康管理が大切だ。

2 梅雨にはカビが発生する。

3 梅雨は食欲がなくなる。

4 梅雨は湿度が高い。

2 ①これらとあるが、その中に含まれるものはどれか。

1 湿度

2 梅雨

3 臭い

4 15度の温度

3 Aの筆者とBの筆者はどのような内容を話しているか。

1 Aは健康管理の予防策、Bはカビ発生の解決策を話している。

2 Aは健康管理の解決策、Bはカビ発生の予防策を話している。

3 Aは健康管理の解決策、Bはカビ発生の解決策を話している。

4 Aは健康管理の予防策、Bはカビ発生の予防策を話している。

독해 만점을 위한
유형별 실전 연습

	문제유형	유형 설명	문항수
問題10	내용이해(단문)	단문을 읽고 푸는 문제	5
問題11	내용이해(중문)	중문을 읽고 푸는 문제	9
問題12	종합 이해	두 개 이상의 글을 읽고 비교·통합 후 푸는 문제	2
問題13	주장 이해(장문)	장문의 글을 읽고 저자의 주장이나 의견 등을 묻는 문제	3
問題14	정보 검색	공고, 팸플릿, 정보지 등의 글을 읽고 정보를 찾는 문제	2

読解

　‘독해’ 문제에서는 기본적으로 단문(200자 정도)을 읽고 내용 이해가 되는지를 파악하는 문제와 중문(500자 정도)의 논평, 해설, 에세이 등을 읽고 인과관계나 이유, 원인 등을 이해했는지를 묻는 문제로 이루어져 있다. 또한, 복수의 문장(600자 정도)을 읽고 비교 · 통합하면서 이해했는지를 묻는 문제와 정보 검색을 위해 광고, 팸플릿, 정보지, 비즈니스 문서 등의 정보 소재(700자 정도) 중에서 필요한 정보를 찾아 낼 수 있는 능력이 있는지를 묻는 문제가 출제된다.

　독해 문제를 잘 풀기 위해서는 우선 여러 장르의 글을 많이 읽어 보는 것 이외의 다른 방법은 없다고 할 수 있다. 본서에서는 앞서 배운 6개의 지문 유형에 따른 학습과 함께, 유형별 실전연습, 실전대비 모의고사를 통해 여러 지문을 접하며 시험에 대비할 수 있도록 구성하였다.

問題10　次の文章を読んで、後の問いに対する答えとして、最もよいものを１・２・
　　　　３・４から一つ選びなさい。

（１）

　乾燥した肌になる原因として、まず不規則な生活があります。健康な肌になるためには栄養のバランスが良い食事を取ることがとても大切です。これは、肌だけに限った事ではなく、体の健康全てにおいて大切な事とも言えるでしょう。

　しかし、日々忙しく生活を送る現代人には食生活を管理することはなかなか難しいことだと思います。今日はそんな現代人のために健康的な肌を取りもどす簡単な方法をお話ししたいと思います。まずは、顔を洗う時には力を抜いて洗いましょう。そうすることによって肌に負担がかかりません。次に、水分を多く取るようにする。そして最後に、暖房です。冬は寒さのため、ついつい暖房をかけすぎてしまいがちですが、暖房は部屋の湿度を下げ、乾燥した部屋を作り上げます。ですので、暖房をかけすぎないように気を付けましょう。これらの事を今の生活の中で、行ってみて下さい。ちょっとのことですがやると、やらないとでは肌の状態が全く変わってきますよ。

　　1　暖房をかけすぎるとどうなるのか。

　　　1　肌に余計な負担がかからなくなる。

　　　2　さらに寒くなる。

　　　3　部屋の湿度を低下させて乾燥を招く。

　　　4　規則正しい生活になる。

（2）

　キャンプを始める時に重要となるものの一つに道具選びがあります。キャンプに使う道具は、時には命を守る道具にもなる大切な物です。その道具選びには慎重にならなくてはならないでしょう。道具選びの間違った考え方の一つとして、安い道具を沢山そろえるという考え方があります。しかし、いくら沢山道具があっても使えなくては意味がありません。そうなると、けちけち(注1)せずに高価な道具をそろえた方が良いのではないか、と考えるかもしれません。しかしそれも間違いです。高価な物であるからといって本当に良いものかどうかは分かりません。安いものであっても使いやすくていいものもあります。要するに、一番大切な事は自分達に何が必要であるかを知っておくという事です。経験を重ねていくうちにそれぞれのキャンプに合った道具選びができるようになると思います。ですが、はじめは経験がありませんので、本を読む、経験者に話を聞くなどしてから道具を買うと良いでしょう。

（注1）けちけち：少しのお金や物を出すことをもったいないと思うこと

1 本文の内容に合うものは何か。
　1 高価な道具を買うよりも安い道具を沢山買うほうが良い。
　2 キャンプ道具は自分達が必要な物を買うようにする。
　3 安い道具は沢山買うと便利で使いやすい。
　4 経験があれば、キャンプ道具は必要ない。

（３）

　観葉植物(注1)は緑の少ない都会において生活の中で自然を感じられる存在といえます。最近ではおしゃれなカフェなどでもよく見かけるようになりました。お家で育てていらっしゃる方も少なくはないのではないでしょうか。

　観葉植物には空気を綺麗にするという働きがあります。観葉植物は呼吸をする時に二酸化炭素(注2)などの空気の中にある有害(注3)な物質を取り込み、酸素を排出(注4)します。取り込んだ有害な物質は根から出て、土の中にいる微生物(注5)などによって分解されます。このようにして観葉植物は私たちに綺麗な空気を与えてくれます。私たちの部屋は目には見えないほこりなどの有害な物質が常に空気中を飛んでいます。これが空気汚染の原因となり、これらを吸う事によって、アレルギーなどの症状が引き起こされることもあります。

　二酸化炭素を吸って酸素を排出し、空気を綺麗にしてくれる観葉植物は、私たちにとって必要な存在といえるでしょう。

（注１）観葉植物：葉の形や色などを見て楽しむ目的で育てられる植物のこと
（注２）二酸化炭素：ＣＯ２
（注３）有害：害があるということ
（注４）排出：内部にある不要なものを外へ押し出すこと
（注５）微生物：機械を通して拡大しなければよく見えない、とても小さな生物
　　　　　　　　のこと

1　本文はどんな内容か。

1　評判

2　紹介

3　感想

4　発見

（４）

　私たちは生活する中でおしゃれに「ときめき」を感じます。少しいつもと違うだけで、何か期待して心が落ち着かなかったり、胸が騒いだり、このような気持ちは誰もが一度は感じたことがあるでしょう。おしゃれは洋服であったり、靴であったり、ヘアスタイルであったり様々ですが、最近そのおしゃれにめがねも仲間入りした様子が見られます。「おしゃれめがね」などという言葉がその証(注1)でしょう。今まで、「めがねからコンタクトレンズにしておしゃれになった」と言われるなど、めがねを売る私たちにはとても悲しい状況がありました。これには、デザインが少なかったり、なによりめがねが高価であった事が原因の一つであったと思います。しかし、最近では種類も豊富になり、現代的なデザインが登場し、価格も以前に比べ低価格になったおかげで、めがねも服のように、時にはかわいらしく、時には美しくなど、時と場合に応じて選んで付けることが可能になりました。

　めがねがおしゃれとして認められるようになった現在の状況に、私たちめがね屋は喜びを隠せません。

（注1）証：証明

1　筆者の意見と合っているものはどれか。

　1　昔から「めがね」選びもおしゃれの一つであった。

　2　めがねは美しい自分を見るために必要なものである。

　3　めがねがおしゃれの一つになったことがとても嬉しい。

　4　現在は以前に比べめがねが安くなりめがね屋は儲からない。

（5）

　母の日のプレゼントを考える時はすぐにあれがいい、これがいいと思いつくものだが、父の日のプレゼントを考える時はいつもとても困ってしまう。それは決して父より母の方が好きとか、そんな理由ではなく、大きく言えば男の人へのプレゼント選びは女の人へのプレゼント選びよりとても難しいということだろう。ましてや私は息子でなく娘であるからさらに難しい。色々考えてふんぱつ(注1) して帽子などをプレゼントしたこともあったが、その時は喜ばれても、その後その帽子を被っている姿を見たことがないところをみると、気に入らなかったのだろうと思う。いっそ現金の方が良いのではないだろうかとも思ったが、それでは何とも手を抜いた感じがして気持ちが悪い。困った末にいつも変わりなくネクタイをプレゼントする。ネクタイであれば何本あっても邪魔にはならないだろうし、極端(注2) に奇抜(注3) な柄でなければ付けてもくれる。しかし、毎度ネクタイというのもだんだんと①現金と同じ感じになってくる。なので今年は名刺入れを渡すことにした。私なりに考え選んだつもりだが、喜びの後に父が使ってくれるかは謎である。

（注1）ふんぱつ：思い切り良く金品を出すこと
（注2）極端：普通から大きく外れていること
（注3）奇抜：とても変わっていること

1　①現金と同じ感じとあるが、現金と同じ感じとは次のうちどれが。

　1　柄が全て同じような感じ

　2　考える事を諦めた感じ

　3　気に入らない感じ

　4　邪魔にならない感じ

（6）

　インターネットのバリアフリー(注1)化は毎年急速に進んでいる。視覚障害者(注2)
のインターネット利用率は一般より高いという調査結果があり、中にはパソコン
を使ったホームページ作成の仕事を引き受けている人もいるという。まず、頭の
中で完成図を描き、パソコンの音声を頼りに文字や絵を組み立てていくという。
マウスの代わりにキーボードの矢印キーを動かすと音声ソフトを取り入れたパソ
コンが画面上の文字を読み上げるというのだ。その速さは1秒間に10文字以上
で実際に目で追うのと変わらない速度である。このように現在では視覚障害者の
活躍が広がりつつある。

（注1）バリアフリー：生活に不便な障害を取り除こうという考え方
（注2）視覚障害者　：目に障害を持つ人

1　視覚障害者はパソコンを使ってどのような仕事をしているか。

　1　音声を頼りにパソコンを組み立てている。

　2　パソコンを使ってホームページを作成している。

　3　視覚障害者のために音声ソフトを開発している。

　4　ホームページ作成に必要なソフトを開発している。

　香水はつける場所によって、その香りが変わってきます。また、体温の高いところにつけると香りが丸く、下から上へ香りが広がる特性(注1)があります。目的に応じて、つける位置や量、香りを変えて使うとよいでしょう。香水をつける前には体を清潔にしておくことが大切です。汗と混じると香りの成分が変化し、不快(注2)な香りになります。最も香りを有効に楽しむなら、朝のシャワー後につけるのがポイントです。さらに香りを長持ちさせるためには、同じ香りをつけ足すと失敗がないです。

（注1）特性：すぐれた性質
（注2）不快：いやな気持ちになること

1　本文の内容と合っているものはどれか。

1　汗をかくと香水の香りが消えてしまうのでつけ足すとよい。

2　香水は上から下へ香りが広がるのでできるだけ体の上の方につけるとよい。

3　香水の香りを持続させるために最初に多めの量をつけるとよい。

4　香水はつける場所によって香りが変わるため、目的に合わせて使うとよい。

（8）

　取り壊されるはずだったビルが外国人観光客をターゲットにした①宿泊施設に変身した。ビジネスホテルでもなく民宿(注1)でもないが、全体的に海外を旅すると見かけるドミトリー＆ホステルスタイルに和の雰囲気を合わせた現代風の造りになっている。また、手頃な価格で部屋ごとにデザインが異なるのも魅力的だ。初の外国人客となったドイツ人のカップルは特別室に泊まったが、板の間(注2)にアンティークの机や椅子があり、二人は「スタイリッシュなのに日本らしさがあって素晴らしい」と気に入ったようだ。

（注1）民宿：民家を宿にしたもの
（注2）板の間：床に板を敷いた部屋

1　①宿泊施設とあるが、この宿泊施設の魅力は何か。

1　ドミトリー＆ホステルスタイルでどんな客層にも合うこと
2　全室デザインが異なり、現代風だが日本らしさを取り入れた造り
3　民宿っぽいイメージで価格が手頃であること
4　外国人が泊まっても不自由しない部屋の広さ

（9）

　ある調査によると、25歳以降になると肩こり(注1)は自覚症状(注2)の上位に入ることがわかりました。これは、社会人になることでストレスを感じたり、デスクワークが増えることが要因だと考えられます。肩こりは日常生活におけるストレスの現れです。大切なプレゼン前になると精神的にストレスのたまる状態が続きます。またデスクワークなどで同じ姿勢でずっと座っていると血行が悪くなり、目の疲れや肩こりを引き起こします。

（注1）肩こり：肩の不快感や重苦しいなどの痛みの症状
（注2）自覚症状　：自分が感じる病気の症状

1　肩こりを引き起こす要因は何か。

　　1　社会人になり食生活が不規則になった。

　　2　社会人になりプレゼンが増えた。

　　3　ストレスやデスクワークが増えた。

　　4　老化を感じるようになった。

（10）

　部屋の模様替え(注1)をする前に部屋の中の物を整理しておくことが大切です。まずは要るものと要らないものに分けましょう。実際に物を動かす前には大体のイメージを図に書いてみると模様替えを無駄なくスムーズ(注2)に行うことができます。また、部屋を広く見せるためには家具の配置が重要です。背の高い家具はなるべく壁側にします。また、自分の目の高さより上には物を置かない方が圧迫感が少なく、部屋を広く見せることができます。

（注1）模様替え：室内の飾りや家具の場所を変えること
（注2）スムーズ：上手くいくさま

1　部屋を広くみせるにはどうすればよいか。

1　目の高さより上には物を置かないようにし圧迫感を少なくするとよい。

2　高い家具を背中合わせに並べ、壁を作ると部屋に仕切りができてよい。

3　部屋の中のものを整理するとよい。

4　背の高い家具を捨てて、新しく背の低い家具を買うとよい。

問題11 次の文章を読んで、後の問いに対する答えとして、最もよいものを１・２・３・４から一つ選びなさい。

（1）

　名前と性格、この二つに関係はあるのでしょうか。個人的には、男でも女でも、どちらでも不自然(注1)でない名前を付けられた人には中性的な印象の人が多い気がします。また、女らしい(注2)、男らしい名前を付けられた人は女らしい、男らしい人が多い気がします。全てがそうだという訳ではありませんがやはり、女らしい名前で呼ばれ続けると無意識(注3)に女性である事を意識するのではないかと思います。男らしい名前も①またそれと同じく。

　名前を付けることはとても重要な事です。とりわけ子どもの名前となればなおさらでしょう。名前に関して(注4)は沢山の文献が出ています。その中に大変興味深い(注5)ものがありました。内容は名前と母音との関係がその人間の性格に影響を与えるというものでした。その本によると、親が名前に込めた意味とは別に、日本語の母音「あ、い、う、え、お」にその人間の性格を左右する要素が含まれているというのです。ここで、（　②　）になってくるのは音の響きです。他人に名前を呼ばれた時、その意味とは別に音を聞いた時に受けるイメージがあります。そのイメージを決定付けるのが母音であり、他人から何度も呼ばれることで自分の名前の母音が持っているイメージを無意識に記憶していきます。特に名前の最後にくる母音のイメージが耳に残りやすく一番性格に影響しやすいとの事でした。

この他の文献にも形は違っても、音の響きを重要だとする文献が数多くありました。数多く文献があるという事はそれほど重要なことなのだと思います。ですので、子どもの名前はもちろん、あらゆる場面で名前を付ける時には、③言葉の意味とは別に音の響きも検討の内に入れることも良いのではないかと思います。

（注1）不自然：自然でないこと
（注2）らしい：そのようであること
（注3）無意識：自分のしていることに気が付いていないこと
（注4）関して：関すると同じ意味
（注5）興味深い：非常に興味がある様子

1 ①またそれと同じくとあるが、同じものはどれか。

1 女性は名前を付けられると女性らしくなること
2 どちらにも通用する名前を付けると不自然でなくなるということ
3 女性らしい名前で呼ばれることで、女性を意識するということ
4 女性らしい名前で男性と区別をつけること

2 （ ② ）に当てはまるものはどれか。

1 寛容
2 不要
3 内容
4 重要

3 ③言葉の意味とは別に音の響きも検討の内に入れることも良いのではないかと思いますとあるが、筆者はなぜそう思うのか。

1 筆者も母音の響きが性格に影響すると考えるから
2 日本人にとって日本語の母音は大切にしなくてはならない重要なものだから
3 親が付けてくれた名前の意味を失うことになるから
4 何度も呼ばれることで、他人に名前のイメージを与えるから

（２）

　先日、全国で２０歳以上の男女を対象にして行われた「節約を意識しているか」の調査では、「全く意識していない」という回答が5.3％で最も少なかったのに対して、「強く意識している」という回答は34.1％になりました。一番多かった回答は、「まあまあ意識している」の54.9％で、最後から二番目に少なかった回答は、「あまり意識していない」の5.7％でした。このように①今回の調査では、「意識している」との回答が「意識していない」という回答を大きく上回る(注1)結果となりました。

　②節約しなければならない理由としては「生活の為」と「大きなものを購入(注2)する為」の大きく二つに分かれます。「生活の為」の中には、給料の減少(注3)、子どもの養育費の確保、ボーナスの減少またはカットが含まれており、景気の悪化(注4)が影響を与えているものと考えられます。「大きなものを購入する為」の代表例としては住宅の購入、車の購入などがありました。

　また、「全く意識していない」、「あまり意識していない」の回答者の理由には、「子どもがいないので節約を意識しなくても大丈夫」や「節約をしすぎると、人生がつまらなくなる」などが寄せられました。

　男女別に行った③「節約していること」の調査では、男女共に１位が「節電(注5)」という結果がでました。しかし、２位の結果は男女では異なり、男性では女性の回答の４位である外食(注6)費が２位に上がり、女性では男性の５位である「ファッション」が２位に挙がりました。この事から、男女では日常において支出の傾向が異なる事が伺えます。

　　（注１）上回る：ある基準の数量を超える
　　（注２）購入：買う事
　　（注３）減少：減って少なくなること
　　（注４）悪化：しだいに悪くなる
　　（注５）節電：使用する電気を節約すること
　　（注６）外食：家以外で食事をすること

1 ①今回の調査とあるが、今回の調査で二番目に少なかった回答はどれか。

1 全く意識していない。

2 あまり意識していない。

3 まあまあ意識している。

4 強く意識している。

2 今回の調査で分かった②節約しなければならない理由に当てはまらないものは
どれか。

1 子どもが留学したいと言い出した。

2 結婚記念日に妻にダイヤの指輪をプレゼントする。

3 財布に５００円しか入っていないので銀行に行かないといけない。

4 テレビを新しく買い換える。

3 男性の ③「節約していること」の５位に当てはまる項目はどれか。

1 風呂はいつも電気を消して入るようにしている。

2 車を買う為に３年間ボーナスを全て貯金してきた。

3 今日はとても暑いが冷房をつけずに窓を開けて風を入れることにした。

4 帽子とマフラーの両方が欲しいが、今月は帽子だけを買うことにする。

（3）

　あたり前の話だが、懐かしさとはその物から遠ざかって初めて感じることができるものである。それは場所であったり、物であったり、人であったりと様々であるが、人は年齢を重ねるごとに懐かしく感じるものの数を増やしていく。

　その中でも①代表的なものが歌である。「懐かしいメロディー」という言葉を短くした「なつメロ」という言葉もあるぐらい、歌は人々に懐かしさを感じさせてくれるものなのだ。その当時流行していた歌、その当時自分が夢中になった歌、好きな人が好きだった歌。

　言葉とは誕生した瞬間に消え、目には見えないものであるが、人の心には残るものである。歌とはそんな言葉でできている。そして、そんな歌を聴いて(注1)覚える懐かしさとは、歌そのもの(注2)に対してではなく、その時にいた自分に対して感じる懐かしさであるとも言える。そして、それら(注3)と共に懐かしさは大きくなる。もしかしたら歌は、②それを聴いている間、その歌を聴いていたその時にその人を戻してくれるのかもしれない。そして歌が終ると同時に、人は今に戻ってくる。つかのま(注4)のタイムスリップを終えて、人は懐かしさに浸る(注5)のだ。

（注1）聴く：聞くと同じ
（注2）そのもの：当のもの
（注3）それら：それの複数形
（注4）つかのま：短い時間
（注5）浸る：水などの中に入る、ある状態や心境に入りきる

1 ①<u>代表的なもの</u>とあるが、何の代表であるか。

1 恥ずかしいもの

2 懐かしいもの

3 激しいもの

4 悲しいもの

2 ②<u>それ</u>とあるが、それに当てはまらないものはどれか。

1 昔から好きな歌手が10年ぶりに発売する曲

2 毎年近所の祭りの時に流れている歌

3 10年間トップを走り続けるバンドのデビュー曲

4 小さい頃母がよく歌ってくれた歌

3 筆者は言葉とはどのようなものだと言っているか。

1 人の心に残りにくいもの

2 夢中にならずにはいられないもの

3 生まれた瞬間に消えてしまうもの

4 懐かしさには必要ないもの

（4）

　私達は人の顔を見て「銀行員らしい顔」や「女子アナらしい顔」など、顔から人の職業を推測(注1)したりする。ある研究でも、その「らしい顔」は「平均顔」から作られるということが分かった。平均顔とは、ＡさんとＢさんの顔を足して２で割ったような顔という発想方法で、同じ職業の人の顔写真を集め、顔色や皮膚の色などを平均化したものである。街で①平均顔から連想できる職業の調査をすると、平均顔と私達が頭にある職業のイメージとがほぼ一致することが分かった。それほど顔は人の印象を決定づけるということだ。また、平均顔にはその時代の職業のイメージも現れるという。

　これらの研究によると、100年後の日本人の顔も予想することができるという。②100年後の日本人は、あごが極端(注2)に細く、不気味な顔になると予想され、周囲からは驚きの声が上がった。さらに未来の顔の形は逆三角形になり、口が退化(注3)していくという。そもそも、日本人のあごは昔はしっかりしていたが、食の変化により現在の日本人のあごはきゃしゃ(注4)になりつつあり、昔に比べてどんどん小さくなっている。

　つまり、顔は、環境や気の持ち方によって（　③　）。そのため、いい顔、悪い顔をつくるのも自分次第だと言える。

（注１）推測：多分こうだろうと考えるさま
（注２）極端：普通の程度から大きく外れていること
（注３）退化：おとろえること
（注４）きゃしゃ：ほっそりして弱々しいさま

1 ①平均顔から連想できる職業の調査とあるが、平均顔を作る方法として正しいものは何か。

1 顔の大きさが同じ人を集め平均化した顔

2 同じ職業の人を集め平均化した顔

3 いろんな職業の人を集め平均化した顔

4 顔の形が似ている人を集め平均化した顔

2 ②100年後の日本人は、あごが極端に細く、不気味な顔になるとあるが、なぜそのような予想になったのか。

1 話す職業が減り、口が退化していくから

2 脳を使う仕事が増えるため、顔より脳が大きくなると予想されたから

3 口や脳など全体的にきゃしゃで小さくなりつつあるから

4 環境や食の変化であごがきゃしゃになりつつあるから

3 （　③　）に入る最も適切なものは何か。

1 変化するのだ。

2 変化することになっている。

3 変化せずにはいられない。

4 変化どころではない。

（５）

　2011年度から全ての大学院や大学、短大を対象に入学者や卒業生の人数などの情報をそれぞれのホームページなどで公開(注1)することが義務(注2)づけられることになった。これらの情報提供により、大学の質の向上と、受験生がより良い大学を選択できることが狙いである。義務化の対象項目は、入学者数、教員の経歴などの９項目である。

　高校生の大学進学率が半数を超えるなかで受験生や保護者(注3)、高校側にとって①大学の教育内容等は大切な情報である。さらに、大学教育の国際競争や留学生の交流を進める上でも世界に情報を提供する必要があるとして、大学の自主性を尊重（　②　）公開することとなった。

　しかし、大学の情報公開について積極的な大学がある一方で、経営に悪影響があるとして公表したがらない大学も少なくはない。文部科学省の調査では、大学のホームページは100％作られているが受験者や合格者、入学者数などの情報を公開している大学は60％しかなく、教員の紹介や教育課程の概要について公開している大学は約90％、卒業後の進路(注4)については約80％だった。このような現状から、すでに公表された一定の情報については９項目全てにおいて義務化することになった。今後の検討課題としては、公開されている教育情報が学部や学科の間でも形式が統一されていないため、受験生や保護者などが利用しやすいように各大学が同じ形式で情報提供し、比較しやすいようにすることが求められている。

（注１）公開：おおやけに見せること
（注２）義務：当然しなければいけないとされていること
（注３）保護者：子どもの親、または親に代わる者
（注４）進路：将来の方向

1 ①大学の教育内容等は大切な情報であるとあるが、なぜそのように考えるか。

1 将来のことを考えて、大学で頭のいい友達をつくりたいから

2 大学で有名人のコンサートやイベントなどがあれば参加したいから

3 学科ごとの特徴や授業内容などを見て自分に適した大学を選びたいから

4 大学の近所の特徴や雰囲気を知って日常生活に支障がないか知りたいから

2 （　②　）に入る最も適切なものは何か。

1 しつつ

2 どころか

3 しさえすれば

4 ついでに

3 今後の検討課題として正しいものは何か。

1 留学生との交流が深められる情報を掲載する。

2 大学ごとの情報形式を統一し、比較しやすいようにする。

3 教育情報以外の情報も提供し、比較しやすいようにする。

4 経営に影響を及ぼさないような情報だけを公開する。

（6）

　食事をする時、無意識のうちに行う「かむ」という動作には、①自身の健康にさまざまな効果があります。食べ物を食べる時、かむことでだ液(注1)が多くなり食物の消化吸収を助けます。また、だ液には細菌(注2)の働きを抑え、口の中の病気や虫歯、歯周病(注3)を予防する働きがあります。次に、よくかむと脳の血液量が増え、血液の循環がよくなり、脳の働きを活発にします。その結果、集中力が増加します。さらに、（　②　）ことで満腹感を得ることができるので、食べすぎや肥満を予防することができます。

　しかし、残念なことに近頃は「食べ物をかまない子、かめない子」が増えています。それは、子どもの頃からの食生活が関係していると言われています。子どもたちが好きなハンバーグやカレーライスなどの洋食(注4)は柔らかいものが多く、和食(注5)に比べてかむ回数が少なくなります。かみごたえのある食べ物や野菜を中心とした料理は「かむ」食事として有効です。一口食べるのに30回ぐらいかむことを目標にゆっくり時間をかけて食べるとよいでしょう。また、食べ物をかむためには、歯と口の健康管理が大切です。定期的に歯のチェックも受けましょう。

（注1）だ液：つば
（注2）細菌：微生物
（注3）歯周病 ：歯にかかわる病気の総称
（注4）洋食：西洋の食べ物
（注5）和食：日本の食べ物

1 ①自身の健康にさまざまな効果がありますとあるが、効果の中で適切なものは
何か。

　1　虫歯になりにくくなった。

　2　血液量が増え怒りやすくなった。

　3　太りやすくなった。

　4　眠くなりにくくなった。

2 （　②　）に入る最も適切なものは何か。

　1　量を増やす

　2　早くかむ

　3　何度もかむ

　4　量を減らす

3 筆者の考えと合うものは何か。

　1　よくかむと虫歯になりにくく歯の定期健診も必要ない。

　2　洋食はかむ回数が少ないのであまり食べない方がよい。

　3　子どもの頃の食生活は変化するので大人になればかめるようになる。

　4　かむことで健康的な生活を送ることができる。

（７）

　物が高くなり、生活が苦しくなったのは私の家だけではないだろう。しかし、私の家のように田舎から出てきた者にはより応える（注1）。私の妻も子供も野菜が大好きだ。田舎にいた頃はお正月など特別な日でなければ塩に漬けられた魚や餅などを食べることができなかったので野菜がなければ一日一日を食いつなぐ（注2）ことができなかった。そのため野菜が好きになるのも当然と言えるだろう。

　ところが、この頃、玉ねぎや大根などの野菜の価格が突然上がった。妻もこんなに高くなっては野菜も買えないと嘆いている（注3）。田舎にいた時は、家の前の畑で野菜を作っていたので、①食べたい時に食べたいだけ食べることができていたので、この都会で野菜を食べることはお金そのものを食べているようなものだとさえ思ってしまう。そんな訳で、②最近野菜を食べる量も自然に少なくなってしまっている。また、米や味噌などもここではとても高いのでなかなか買うことができない。

　家族全員で節約しなければと考えているときに、町の商店街で米を節約する代用食（注4）としてうどんやパンが安く売られているのを発見した。これには子供たちが喜んだ。

（注１）応える：外からの刺激を強く受けること
（注２）食いつなぐ：限られた食べ物を少しずつ食べてやっと生き続けること
（注３）嘆く：現在の状況などについて悲しく思い、それを口に出して言うこと
（注４）代用食：米の代わりにする食品

1 ①食べたい時に食べたいだけ食べることができていたとあるが、この表現と
同じ意味のものはどれか。

1 何でも少ない量を食べられた。

2 誰でも簡単に食べられた。

3 どこでも高いものを食べられた。

4 いつでも好きな量を食べられた。

2 ②最近野菜を食べる量も自然に少なくなってしまっているとあるが、それは
なぜか。

1 都会では畑がないので野菜を作ることができないから

2 野菜はお正月などの特別な日にしか食べられないから

3 野菜の値段が全体的に上がってしまったから

4 家族が節約できずにお金が全くなくなってしまったから

3 筆者の意見と合っているものはどれか。

1 自分の家だけが物が高くなって生活が大変になった。

2 田舎では自由に食べられる野菜があったので何とか食べていくことができた。

3 都会ではうどんやパンが無料で食べられるので生活が楽になった。

4 田舎では野菜がお金の変わりになっていたのでお金は必要なかった。

（８）

　①食物アレルギーとはある特定のものを食べるとお腹を壊したり嘔吐(注1)をしてしまう病気の事を言います。原因となる食べ物は人によって異なりますが、一般的に小さい子供は卵や牛乳、大人になると、小麦や果物などが主要なアレルギー原因食品となることが多いです。食物アレルギーは食べてすぐ症状が現れるＩ型と数時間以上経ってから症状が現れる非Ｉ型があります。この食物アレルギーの基本的な予防法としてはその原因の食べ物を食べないようにすることが一番とされてきましたが、最近、食物アレルギーの原因となる食べ物を食べることで、アレルギーを治す治療(注2)が注目されてきています。この治療がどれくらい効果があり、どのような仕組み(注3)なのかというのはまだ分かっていませんが、大きな期待が寄せられています。（　②　）、この治療は食物アレルギーの原因の食べ物を少しずつ食べていくという方法なので拒否反応(注4)が起こる可能性が高いです。そのため患者の体の負担も少なくなく、医師の監視(注5)の下で必ず行わなければなりません。また、一度食べられるようになっても体質が元に戻ってしまったり、拒否反応が再び起こってしまう場合もあるのでこの治療に関してはまだまだ課題(注6)も多く残されています。

（注１）嘔吐：吐くこと
（注２）治療：病気を治すこと
（注３）仕組み：物事の構造
（注４）拒否反応：ある物事などを心理的、あるいは体質的に受け付けようとし
　　　　　　　　　ないこと
（注５）監視：困ったことが起こらないように目を離さないでいること
（注６）課題：解決しなければならない問題のこと

1 ①食物アレルギーとあるが、これについて正しく書かれているものはどれか。

1 原因となる食べ物は子供が卵と牛乳で、大人は小麦と果物のみである。

2 食べた直後に症状が現れる非Ⅰ型としばらく後に現れるⅠ型の二つの種類が
　ある。

3 原因となる食べ物は数えるほどしかないのでそれを食べないようにすればよ
　い。

4 原因の食べ物を食べると吐いたりお腹が痛くなったりする症状が現れる。

2 （　②　）に入る最も適当なものは何か。

1 しかし

2 だから

3 あるいは

4 すると

3 本文の内容と合っているものはどれか。

1 食物アレルギーの予防方法は現在、治療方法がなく原因の食べ物を食べない
　ようにすることしかない。

2 最近注目され、期待されている食物アレルギーの治療はまだ問題点が残って
　いる。

3 消費期限が切れた食べ物を食べてお腹を壊すことは食物アレルギーが関係し
　ている。

4 食物アレルギーは大人よりも子供のほうがかかる可能性が高い。

（9）

　年をとると、だんだん白髪が増えてきますよね。しかし、①最近若い人の間でも白髪が増えてきています。こう見ると、白髪の原因は加齢(注1)だけではなさそうです。そうなんです。実は生活習慣やストレスも白髪に関係しているのです。生活習慣、特に食事や睡眠のバランスがうまくとれないと白髪が生えやすくなってしまいます。またストレスはためすぎると白髪ができやすくなります。最近の若い人の白髪はこれらが原因だと考えられます。

　さて、この白髪、抜くと増えるとよく聞きますが、本当にそうなのでしょうか。答えはノーです。このことは科学的に証明されておらず、実際に白髪を抜き続ける実験においても、増えた人はおらず証明されませんでした。では、なぜそのように感じるのでしょうか。それは、新しい場所から自然に生えた白髪と抜いた白髪が一緒に伸びてくるので抜いたら増えたと②勘違いしてしまっているからなのです。白髪の予防方法としては、規則正しい生活習慣を送り免疫機能(注2)を高めることや髪の毛に栄養を送ることなどです。加齢による白髪はどうしても避けることはできませんが、これらの方法は他の原因で白髪が増えた人には効果があると思われます。

（注1）加齢：一歳ずつ年をとること
（注2）免疫機能：病気に一度かかると、二度目は軽くすんだり、全くかからなくなったりすること

1 ①<u>最近若い人の間でも白髪が増えてきています</u>とあるが、その原因として当てはまらないものはどれか。

1 睡眠をとらないこと

2 ストレスをためること

3 食事のバランスを考えないこと

4 年をとること

2 ②<u>勘違い</u>とあるが、この例として正しいものはどれか。

1 友達の家に電話したとき、友達の姉が出たのにも関わらず声が似ていたので友達だと思い話し続けた。

2 友達の名前を間違って読んだ。

3 仕事で忙しく、友達の誕生日のメールを誕生日の一週間後に送った。

4 電車が故障して友達の結婚式が終わった後に到着した。

3 本文の内容と合っていないものはどれか。

1 若い人に白髪が増えていることは生活習慣の悪さが原因として考えられる。

2 正しい生活習慣を送っても年をとってくると白髪は生えてくる。

3 白髪は抜くと増えるので抜かないほうがよい。

4 正しい生活習慣や栄養をとることなどが白髪を生えてこないようにする方法だ。

（10）

　皆さんはどういう時にため息をつきますか。多くの人が悩んでいる時や辛い時につくと答えるでしょう。また、「ため息をつくと幸せが逃げる」などとも言われ、あまり良いイメージではありません。

　しかし、ため息とは体にたまっている「悪い気」のことなので長い間体の中にため続けているとストレスがたまり、不安を感じたり自信を失いやすくなってしまいます。そのため、①ため息をつくことは人間の体にとって重要なことなのです。ため息をつく効果としては体内にたまった古い空気と重いストレスを一緒に吐き出して(注1)くれます。また、内臓(注2)の動きを活発(注3)にし血行(注4)を促進(注5)するため心身ともにリフレッシュする効果もあります。

　そこで、これから上手なため息のつき方をお教えしたいと思います。まず、肩の力を抜いて、下腹(注6)がへこむくらいまで息をゆっくり吐きます。次に下腹を膨らませるように大きく息を吸い込みます(注7)。そこで２〜３秒息を止めます。最後に吸った時の倍くらいの長さでゆっくりため息をつきます。ここで大事なことはため息をついた後は「あー幸せだな」というように②前向き(注8)な言葉を言ったり頭の中で考えることです。そうすることで心もリフレッシュできるからです。

（注１）吐き出す：中にたまったものを外へ出すこと
（注２）内臓：体の中にある部分、心臓、胃など
（注３）活発：元気な様子
（注４）血行：血が体の中をまわること
（注５）促進：物事が速く進むように働きかけること
（注６）下腹：お腹の下の部分
（注７）吸い込む：気体や液体などを吸って体の中に入れること
（注８）前向き：物事に対する姿勢が積極的なこと

1 ①ため息をつくこととあるが、筆者はため息をつくことはどういうことだと言っているか。

1 幸せを逃してしまうこと

2 自信をもたせるようにしてくれること

3 悪い気を外へ出すこと

4 不安を感じるときに必要なこと

2 ②前向きな言葉とあるが、その言葉の例として正しくないものはどれか。

1 こんなことで負けないぞ。

2 頑張るぞ。

3 まだまだこれからだ。

4 楽しいことなんてあるはずがない。

3 本文の内容と合っているものはどれか。

1 ため息をつくときに肯定的な言葉を口にしたり考えるとよりリフレッシュすることができる。

2 悩んでいるときにため息をつく人はあまりいない。

3 ため息をつくことには体の中の血の流れをよくする効果はない。

4 ため息を上手につこうと思ったら肩の力を少しも抜いてはならない。

합계 600자 정도의 비교적 평이한 내용의 복수의 지문을 비교·통합하면서 읽고, 내용을 바르게 이해했는지를 묻는 문제로, 복수의 지문에 2문제 출제된다. 두 문장의 중심 문이 어디인지를 파악해야 하고, 서로 주장하는 공통점과 다른 점은 어느 부분인지를 빨리 파악하는 것이 중요하다. 이 유형 역시 문제를 먼저 읽고 지문을 읽는 것이 문제를 해결하는 시간을 절약할 수 있다.

問題12 次の文章は、「相談者」からの相談と、それに対するAとBからの回答である。三つの文章を読んで、後の問いに対する答えとして、最もよいものを1・2・3・4から一つ選びなさい。

（1）

相談者：

　私は27歳の会社員男性です。最近目の下のくま(注1)に悩んでいます。少し前に大きな仕事を担当することになり、寝る時間も惜しん(注2)で仕事をしていました。①くまの原因はおそらくそれだと思われます。その仕事が終わるまでは仕方がないと諦めていましたが、その仕事を終えて3週間ほど経ってもくまが無くなる様子はありません。女性であれば化粧などでカバーすることも可能だとは思いますが、私は男ですので化粧の仕方も分かりません。できれば化粧以外の他の方法でこの目の下のくまを何とかしたいのですが、何か良い方法はないでしょうか。この3週間の間は夜は早く寝るようにしています。家でも簡単にできるような改善方法を教えて下さい。

回答者：Ａ

　目の下のくまは見た目に疲れているようにも見えますし、男性であってもとても悩まれると思います。睡眠は充分とっているようですので、原因は目の下の血行不良、つまり目の下の血の流れが悪くなっている状態であると考えられます。私はそんな時、冷たいタオルと温かいタオルを交代で５秒ずつ目の下に当てています。これを３回か４回繰り返すと目の下の血の流れがよくなり、目の下のくまが改善されます。個人によって、改善の効果は異なりますが、簡単ですので一度試してみて下さい。

回答者：Ｂ

　目の下のくまは疲れや睡眠不足などが原因となっている場合が多いですが、他の病気が原因となっている場合もあります。目の下の皮膚はとても薄く血の流れが見た目に分かります。偏った(注3)食事をしたり、睡眠不足などが続くと血の流れが悪くなり、目の下にくまという形で浮き出てくるのです。この他にも、貧血(注4)や内臓(注5)機能の低下なども目の下にくまができる原因となります。ですので、現在充分な睡眠をとっているのにも関わらず目の下のくまが改善されないのであれば、くまだからと軽く見るのではなく少し他の原因も疑って一度病院で診察を受けられるほうがよいと思います。

（注１）目の下のくま：目の下が青黒くなること
（注２）惜しむ：金などを出すことをもったいなく思う
（注３）偏る：ある方面に集中すること
（注４）貧血：血液が原因により、顔が白くなったり、めまいがしたりなどの
　　　　　　　症状が出る病気
（注５）内臓：動物の体の中にある、胃など

1 相談者が思う①くまの原因はどれか。

1 睡眠不足で内臓の機能が低下しているから

2 以前大きな仕事を担当していて寝る時間が少なかったから

3 仕事が忙しくて偏った食事をしていたから

4 女性ではないので、化粧ができないから

2 「相談者」の相談に対するA、Bの回答について、正しいのはどれか。

1 AもBも目の下のくまの原因は血の流れが悪くなっているからだといっている。

2 AもBも改善方法はないといっている。

3 Aは具体的な改善方法を説明していて、Bは睡眠不足の改善を病院で行うことを勧めている。

4 Aは生活習慣を変えることを提案しており、Bは疲れ以外の他の病気を疑っている。

（2）

相談者：

　私は部屋が片付けられなくて困っています。職場の机のまわりはなるべく片付けるようにしていますが、自分の部屋はなかなか片付けられません。特に毎日使うものを片付けるのが面倒です。また、服や小物が多く、出したら出したままになってしまいます。部屋が狭いので友達を呼ぶこともありません。①そう思っているうちにどんどん部屋が散らかっていきます。ゴミは一応袋に入れているのですが、いっぱいになるまで溜めてしまいます。また、洗濯は週に1度しますが、洗濯物をたたむのが面倒でずっとベッドの上に置いたままの状態です。どうすれば片付けられるようになるのでしょうか。

回答者：A

　部屋が狭くても定期的に誰かを部屋に招待すると自然と片付けるようになります。そして掃除をする際は、まず、いるものといらないものに分けましょう。小物が多いのであれば収納ケースを購入し、置く場所を決めて収納するとよいです。さらにゴミ箱は今よりも小さめのものを新たに購入することでゴミをまめに捨てるようになります。毎日使うものは小さな収納ケースに入れるようにして、なるべく出したらしまう癖をつけてください。そうすれば今より片付くと思います。

回答者：B

　部屋が狭くて片付けにくいなら今より少し広い部屋に引っ越しをしてみるのもいいと思います。部屋が少しでも広くなれば収納するスペースもでき、掃除もしやすいです。狭い部屋だと収納スペースも限られますし、掃除もしにくいです。しかも新しく収納ケースを買っても部屋が狭ければ置く場所に困ります。しかし、広い部屋に引っ越しする場合は少し注意が必要です。部屋が広いからといって収納スペースを増やすとその分、物も多くなってしまいがちです。使わないものは覚悟を決めて捨ててください。物を捨てることで部屋が多少は広くなります。捨てることができないというのであれば、リサイクルのお店やフリーマーケットなどで売るという方法もあります。

1 ①そう思っているうちにとあるが、相談者はどのように思っているか。

1　職場と同じように片付けたい。

2　部屋が狭くて友達を呼ぶこともないので多少散らかっていても仕方がない。

3　収納がないのでしまう場所がなく出したままにするしかない。

4　洗濯物はたたまなくてもそのまま使えばいい。

2　「相談者」の相談に対するA、Bの回答について、正しいものはどれか。

1　AもBも片付けられる方法を具体的に言っている。

2　AもBも片付けられない原因のみを言っている。

3　Aは片付けの方法を言っているが、Bは部屋の狭さが原因だと言っている。

4　Aは部屋の狭さが原因だと言っているが、Bは片付けの方法を言っている。

（3）

相談者：

　私が今悩んでいることは、夜寝られないことです。どんなに体が疲れていてもなぜか寝られないんです。夜11時を過ぎると寝ようと横になって目をつぶる(注1)のですが、頭がはっきりしているので色々考えてしまい、そのまま気づいたら5時や6時になってしまいます。①この状態が1ヶ月ほど続いています。そのため、仕事にも集中できず、会社でも大きなミスを何度もしてしまいました。このままでは会社からの信頼をなくしてしまいます。私はどうしたらいいでしょうか。何かいいアドバイスを下さい。

回答者：A

　私も昔同じ悩み(注2)を持っていました。どうすればいいのか分からなかった時、ストレスがたまると寝られなくなると友人から聞きました。そこで私はまずはストレスをなくすことを心がけました(注3)。ストレスを解消(注4)する方法は人によって違いますが、私は大きな声を出すことがとてもストレス発散(注5)になり、それをして以来寝られるようになったので一度試してみてください。相談者さんは最近強いストレスを感じていませんか？　仕事でミスしてしまうことも大きなストレスになり寝られない原因の一つになっていると思います。ストレスを発散することで快眠(注6)を得て、仕事のストレスもなくしてしまってください。頑張ってください。

回答者：B

　正直私はそのような経験をしたことがないので、良いアドバイスはできませんが、一度病院でみてもらってはいかがでしょうか。寝られないことは体も精神的にも参ってしまうと思います。更に仕事にも影響しているので一度診断を受けて医者のアドバイスを聞く事が一番いいように思います。1ヶ月以上睡眠

をとれていない状態はとても危険な気がします。早く原因を知って改善してい
く必要があると思います。

（注１）つぶる：まぶたを閉じること
（注２）悩み：悩んでいる内容
（注３）心がける：気をつける
（注４）解消：今までの状態や関係が消えてなくなること
（注５）発散：中でたまっていたものが外に散って出ること
（注６）快眠：気持ちよく眠ること

1 ①この状態とあるが、どのような状態か。

　1　寝られない状態

　2　横になって考え事をしている状態

　3　５時か６時に目が覚める状態

　4　体がとても疲れている状態

2 「相談者」の相談に対するＡ、Ｂの回答について、正しいのはどれか。

　1　Ａは客観的な意見を述べており、Ｂは自分の経験を元に話している。

　2　Ａは自分の経験を元に話しており、Ｂは客観的な意見を述べている。

　3　ＡもＢも自分の経験を元に話している。

　4　ＡもＢも客観的な意見を述べている。

（4）

相談者：

　僕は昔から悩んでいることがあります。それは動物が苦手ということです。そんなことで悩んでいるのかと思われる人もいるかもしれませんが、動物全般が苦手なので小さい子犬やモルモットなどを見ただけでも体が固まってしまいその場から動けなくなります。女の人ならまだしも(注1) 僕は男なので子犬などにビクビクしていると冷たい視線(注2) で見られることも多いです。この前も子猫が僕の方に近寄ってくるので大声を出して逃げてしまいました。①その時彼女と一緒にいたのですが、それ以来僕を見る目が変わったように思います。その時に僕はこんな自分を変えたいと思いました。動物と仲良くできる方法があれば教えてください。

回答者：A

　僕も昔動物が苦手でしたが、見事克服しましたよ。どのような方法かと言うと動物にお尻の臭いを嗅がせるという方法です。以前テレビで犬に実験して効果があると言っていたので、試してみたんですが本当に効果がありました。初め犬に近づくのにとても勇気がいりましたが、よく吠える犬でも臭いを嗅ぐとなぜか大人しくなり、撫でると嬉しそうな顔をします。何回か繰り返すうちにその表情がとても可愛く思え、いつの間にか犬が大好きになっていました。そのうち他の動物も触れるようになり、今思えば動物嫌いだった事が嘘のようです。ちなみに今動物園の飼育(注3) 員として働いています。動物と触れ合うことは本当に楽しいので、相談者さんもぜひ頑張って克服してください。

回答者：B

　私は動物と仲良くなろうと思った時は、動物と同じ目線(注4) で接するようにしています。動物も人間を敵だと思うから吠えたり攻撃したりしてくるので自分は敵ではなく味方だということを表現すれば動物も安心してコミュニケーションを図ろう_(注5)としてくるはずです。そういう気持ちで少しずつ動物との距離を縮めてみてください。何か変化があるはずです。それから、たとえ動物と仲良くなれなくても、必死で変えようと思わないでください。男の人だから動物が怖くてはいけないということはないんですから。それに、そういう面が逆に女性から見たとき、かわいい部分にもなると思いますよ。

（注１）まだしも：十分とは言えないが
（注２）視線：目の向き
（注３）飼育：動物を飼って世話すること
（注４）目線：そのものの立場から見てという意味
（注５）図る：物事を色々考えてから判断すること

1 ①その時とあるが、それはいつか。

1 動物が苦手だと悩んでいた時

2 自分を変えようとしていた時

3 他の人に冷たい視線で見られた時

4 子猫が怖くて逃げてしまった時

2 「相談者」の相談に対するＡ、Ｂの回答について、正しいのはどれか。

1 Ａは無理して動物が苦手な事を克服する必要はないと言っており、Ｂは克服したほうがいいと言っている。

2 Ａは動物が苦手な事を克服したほうがいいと言っており、Ｂは無理して克服する必要はないと言っている。

3 ＡもＢも動物が苦手な事を克服したほうがいいと言っている。

4 ＡもＢも無理して動物が苦手な事を克服する必要はないと言っている。

（5）

相談者：

　私が悩んでいることは母のことです。母の何が悩み(注1)なのかと言うと、母の料理の味付け(注2)が濃すぎることです。調味料を入れすぎるのか醤油と塩の味しかしません。父はおいしいと言いながら食べるのですが、薄味(注3)が好きな私には母が何を作っても同じ味で、たまに塩辛すぎて食べられず母に隠れて水で洗って食べたこともあります。1、2回軽くちょっとこれ塩辛すぎない？と言ってみたのですが、母も父もそんなことはないと言って聞いてくれません。このままでは家族の健康面も心配ですし、他の場所で食べた料理に味が全くなく感じておいしく食べることができません。だからといって、一生懸命料理を作ってくれる母にこれ以上強く言うのも心が痛みます。皆さんこんな私に何かいいアドバイスをください。

回答者：A

　私は子持ち(注4)の母なので、母の立場から言わせていただきますが、相談者さんが薄味が好きすぎてお母さんの味付けがとても濃すぎると感じるのではないでしょうか。お父さんがおいしいと話している時点(注5)でその味付けはそこまで濃くないような気がします。相談者さんが自分の好みの濃さで食べたければ自分で作るしかないと思います。自分には味が濃すぎるから自分の分は自分で作るとお母さんに話してもお母さんはそんなに傷つかない(注6)と思います。将来のためにもなるので自分なりに頑張って作ってみてください。少しは母の苦労が分かると思いますよ。

回答者：B

　相談者さんが悩む気持ちはよく分かります。私の母は相談者さんのお母さんとは逆でとても薄味に作る人です。私は母の料理を食べても何の味もしないといつも感じていました。そこで私は母が料理をするとき一緒に手伝いながら、少しずつ味を濃くしていきました。急に濃くすると他の家族が嫌がるかもしれないので徐々に気づかれないように濃くするように頑張りました。その結果、他の家族のみんなもだんだんその味になれてきて、今は私がいなくても母は少し調味料などを入れて味付けをしてくれるようになりました。相談者さんもお母さんと一緒に料理を作りながら、少しずつ味を調節していってはいかがでしょうか。

（注１）悩み：悩んでいる内容
（注２）味付け：味をつけること
（注３）薄味：薄い味
（注４）子持ち：子どもがいる
（注５）時点：時間の流れの上のある瞬間
（注６）傷つく：心に傷がつく

1 「相談者」の相談に対するＡ、Ｂの回答について、正しいのはどれか。

1　Ａは相談者の意見に否定的で、Ｂは相談者の意見を理解している。

2　Ａは相談者の意見を理解していて、Ｂは相談者の意見に否定的だ。

3　ＡもＢも相談者の意見に否定的だ。

4　ＡもＢも相談者の意見を理解している。

2 相談者が話している内容と合っているものはどれか。

1　母の料理は味があまりしないので食べたくない。

2　家以外のところで食べる料理は味が薄すぎておいしくない。

3　調味料をたくさん入れて作る料理はとてもおいしい。

4　私が料理の味付けの事を言っても母は聞いてくれない。

900자 정도의 논리전개가 비교적 명쾌한 지문을 읽고 전체적으로 전하고자 하는 주장이나 의견을 파악할 수 있는지를 묻는 문제로, 1개의 지문에 3문제 출제된다. 이 유형은 먼저 문제를 읽고 문제의 요점을 간단하게 체크한 후, 지문 전체를 가능한 집중해서 읽도록 하자. 출제되는 문제가 전체적으로 주장하는 내용이나 필자의 의견, 또는 지문과 내용이 맞는 문장을 찾아야 하는 문제이기 때문에 지문을 확실하게 이해하는 것이 중요하다.

問題13　次の文章を読んで、後の問いに対する答えとして、最もよいものを１・２・３・４から一つ選びなさい。

（1）

　鯛(注1)茶漬け(注2)は世間に普及し、鯛茶漬けを看板としている料理屋さえ出来てきている。そして鯛茶漬けは関西ではもちろんのこと、東京でも見かけるようにさえなってきている。それなのに、鯛より簡単に手に入り、美味しい鮪(注1)茶漬けが普及していないのが不思議な気がする。

　鯛は関西が良く、鮪は東京がいい。その意味からいっても、①東京は鯛茶漬けより鮪茶漬けを用いるべきであろう。

　東京に、もし関西のような食道楽(注3)が発達していたら、おそらく、今日まで鮪茶漬けを見逃して(注4)はいなかったのであろう。そういう私も鮪の茶漬けは京都で知ったもので東京人から教わったものではなかった。今後の東京人は鯛茶漬けなんて関西の真似をしないで、堂々と江戸前(注5)の鮪をもって鮪茶漬けに力を入れるべきであろう。

　②茶漬けのご飯は炊き方がやわらかく、ベタベタするようなものは一番嫌だ。すしで使う飯ぐらいが丁度いい。炊き立てのご飯ではいけない。少し温かさを残したさめたものが丁度いい。どんな茶漬けにもよるが、魚の茶漬けには冷たいご飯は絶対にいけない。

　お茶は番茶では美味しくない。煎茶にかぎる。煎茶の香りと苦さとが必要なのである。少し濃い目の茶をかけると、丁度いい。茶が薄くては美味しくない。

　さて、茶漬けに使う鮪だが、これにはしび鮪(注6)がいい。しび鮪とは、すし屋が使っている鮪の事である。鮪のトロという白っぽい、脂の多く入った部分は男であれば、40歳以前の者が好んで食べる。40歳以後になると、だんだんと脂の濃いものから好みが遠くなる。

　茶漬けに用いる鮪の材料は、トロ、中トロ、脂身の少ない赤身と、好みによって選択すればいい。

　脂の少ない赤身は赤身で美味しいし、脂の多いトロもトロで美味しい、鮪の質さえ良く選べば、その人の好みに合わせて、材料を選べばいいのだ。

　しび鮪の他に、かじき鮪(注6)だとか、きはだ鮪(注6)などがある。これも茶漬けに用いても、決して悪いものではない。しかし、きはだ鮪やかじき鮪は脂肪が少ないから、脂が濃いものを好む人たちには、ちょっと軽い感じがある。だが、老人や女性にはかえってこの方が適して(注7)いるといえよう。それも、前に述べたのと同じように、各自の好みに合わせればよい。③それが鯛茶漬けにない鮪茶漬けの長所であろうと私は思う。

（注１）鯛・鮪：日本でよく食べられる魚
（注２）茶漬け：ご飯に熱い茶、または薄味のだし汁をかけて食べる料理
（注３）食道楽：美味しいものや珍しいものを食べることを趣味とすること
（注４）見逃す：見ていながら気付かないでそのままにする
（注５）江戸前：江戸(現在の東京)の近くの海でとれる新鮮な魚など
（注６）しび鮪・かじき鮪・きはだ鮪：鮪の種類
（注７）適する：ある対象・目的などによく合う

1 ①<u>東京は鯛茶漬けより鮪茶漬けを用いるべきであろう</u>とあるが、筆者はなぜ
そのように思うのか。

1 関西の真似をして鯛茶漬けを作っても、真似は本物を越えられないから

2 鯛よりも鮪の方が食べる人の好みにあった茶漬けが作れるから

3 鮪は茶漬けにしても美味しく、東京では鯛よりもよくとれるから

4 鯛はさめてしまうと美味しくなくなるから

2 ②<u>茶漬けのご飯</u>とあるが、茶漬けのご飯に向いているご飯はどれか。

1 できたばかりのアツアツご飯

2 水の多いベタベタしたご飯

3 すこし温かさを残したご飯

4 冷えきって硬くなったご飯

3 ③<u>それが鯛茶漬けにない鮪茶漬けの長所であろう</u>とあるが、鮪茶漬けの長所
はどれか。

1 鯛よりも大きいので茶漬けを沢山作ることができる。

2 東京の近くの海で沢山とれる。

3 種類や食べる場所によって味が違う。

4 濃い目のお茶をかけても美味しい。

（2）

　八っちゃんが碁石（注1）をみんなひとりで両手でとって、股の下に入れてしまおうとするから、僕は怒ってやったんだ。

　「八っちゃん、それは僕のだよ。」

　そう言っても、八っちゃんは眼ばかりくりくりさせて、僕の石までひったくりつづけるから、僕は構わずに取り返してやった。そうしたら八っちゃんが①生意気に僕の頬をひっかいた（注2）。お母さんがいくら「八っちゃんは弟だから可愛がるんだよ。」と言っても、八っちゃんが頬をひっかけば僕だって腹が立つから、僕も力まかせに八っちゃんの頬をひっかいてやった。指の先が眼にさわった時には、ひっかきながらもちょっと心配になった。ひっかいたらすぐ泣くだろうと思った。そうしたらいい気持ちだろうと思ってひっかいてやった。八っちゃんは泣かないで僕にかかって来た。投げ出していた足を折りまげて尻を浮かして、両手をひっかく形にして、黙ったままでかかって来たから、僕は隙を狙ってもう一度八っちゃんの鼻の所をひっかいてやった。そうすると、八っちゃんは暫く変な顔をしていたが、突然、尻をどんとついて僕の胸がドキっとするぐらい大きな声で泣き出した。

　僕はいい気味で、もう一つ八っちゃんの頬をなぐりつけておいて、八っちゃんの足元に転がっている碁石を大急ぎでひったくってやった。そうしたら部屋のむこうに日なたぼっこしながら服を縫っていたおばあさんが、眼鏡をかけた顔をこちらに向けて、うわめで睨みながら、「また泣かせて、兄さんなのに悪いじゃありませんか。」といったが、八っちゃんが足をばたばたやって死にそうに泣くものだから、いきなり立って来て八っちゃんを抱き上げた。おばあさんはいつでも八っちゃんの味方をするんだ。そして、「おお、可哀そう（注3）に。どこをひっかかれたの？　本当に悪い兄さんですね。あらこんなに眼の下をみみずばれにして。兄さん、ごめんなさいと言いなさい。言わないとお母さんにいいつけますよ。さあ早く。」誰が八っちゃんなんかにごめんなさいするもんか。②もとはと言えば八っちゃんが悪いんだ。僕は黙ったままでおばあさんを睨んだ。

　おばあさんはわあわわあ泣く八っちゃんの背中を、抱いたまま平手でそっとたたきながら、八っちゃんの機嫌をとったり、僕に何んだか文句をいい続けていたが僕がどうしてもわびなかったから、とうとう「それならもういいです。八っちゃん、あとでおばあさんがお母さんにいいつけてあげますからね、もう泣くんじゃありませんよ、いい子ね。兄さんと遊ばずにおばあさんのそばにいらっしゃい。いやな兄さんだこと。」と言って僕が大急ぎでひとかたまりに集めた碁石の所に手を出して一掴み掴もうとした。僕は大急ぎで両手で蓋をしたけれども、おばあさんは気にせずに少しばかり石を拾って自分が座っていた所に持って行ってしまった。

（注１）碁石：白と黒の石があり、ゲームに使う平たく丸い小石
（注２）ひっかく：指先やつめなどで表面を強くこする
（注３）可哀そう：同情する気持ちが起こるさま

1　①生意気の使い方で正しいものはどれか。

　1　その答えが正しいか自信がないので小声で生意気に答えた。

　2　お父さんが先に寝ると生意気がうるさくて寝られない。

　3　私は何でもはっきり言いすぎるので人から生意気に見られがちだ。

　4　親切で評判の医者が愛と生意気で人を助けた。

2　②もとはと言えば八っちゃんが悪いんだとあるが、それはなぜか。

　1　八っちゃんが大声で泣いておばあさんに言いつけたから

　2　八っちゃんが僕の碁石をどこかに隠したから

　3　八っちゃんが先に僕の頬をひっかいたから

　4　おばあさんがいつも八っちゃんの味方をするから

3 本文の内容と合っているものは何か。

1 おばあさんは僕のことをすごく可愛がり、いつも僕の味方をしてくれた。

2 八っちゃんが突然泣き出したので、おばあちゃんはそれを見て僕のせいにした。

3 八っちゃんは弟の僕をものすごく可愛がってくれた。

4 僕が集めた碁石をおばあさんは全部自分の座っていたところに持って行った。

（3）

　「賢者はただ一冊の本の人間を恐れる」という諺がある。ひとは多く読まなければならない。読書は①ただ一冊の本の人間にならないために、言い換えれば、ひとつの事にかたよった人間にならないために必要である。読書においては一般的教養を身につけることが大切である。ただ自分自身の時代だけでなく、過ぎ去った時代について、自分自身の国だけではなく、世界について、そして、できる限り多くのことについて正しい見通しを得るために、多く読まなければならない。

　②読書家とは一般的教養のために読書する人のことである。自分の専門に関係のある書物だけ読む人は読書家とは言えない。ここでいう教養とは、ある専門の知識ではなく、一般的教養を意味している。専門家になるために読書が必要であることは言うまでもないが、私たちは特に一般的教養のために読書しなければならない。とにかくたくさんの本を読めばいいかと言うとそうではないが、知識を得るためには多くの本を読むことが必要である。多くの本を読めばそれだけ多くの一般的教養を得ることができるからである。また、一定の計画にしたがって読書することはもちろん良いことではあるが、このような計画は実行されないことが多く、むしろ若い時代から手当りしだい(注1)に読んだものが役立つ知識になることが多い。

　同じように、専門家も人間としての教養をそなえ、考え方が自分の専門にかたよらないようにするために、読書をしなくてはいけない。専門家も一般的教養を持つことで、自分の専門が学問全体の世界において、どのような地位を占め、どのような意義を持つのかについて、正しく理解することができるのである。また、自分の専門以外の書物から専門家が自分の専門に役立つ知識や情報を与えられる場合も少くないのであろう。けれども専門とは直接には関係のない書物を読んで、専門の役に立つ教養とするためには、同時に専門的な読書も必要である。専門家にとって専門のない読書は中心のない読書であって、どれだけ多く読んでも何も読まなかったことと同じである。

（注1）手当たりしだい：それが何であるか区別しないこと

1 ①ただ一冊の人間とあるが、それはどのような人間のことか。

1 本を一冊しか持っていないひと

2 本一冊分の知識しか持っていないひと

3 一冊の本のように考え方や知識が一方面にかたよったひと

4 ただ一冊の本のように貴重なひと

2 ②読書家とあるが、筆者の考える読書家とは何か。

1 できるだけ多くの本を読もうとするひと

2 自分の興味のある分野の本だけを選んで読むひと

3 手当たりしだい本を読むひと

4 人間として一般的な知識のために本を読む人

3 本文の内容と合っているものは何か。

1 専門家は自分の専門に役立つ書物だけを選んで読むのが良い。

2 専門家は専門については良く知っているので、専門的な読書は必要ない。

3 読書をするときは自分の立てた計画通りに読むのが良い。

4 若い時からできるだけいろいろな分野の本をたくさん読むのが良い。

（4）

　新聞記者を志望する私は、ある新聞社の応接間（注1）で私の面接試験をやりにくる人を待っていた。すでにこの新聞社会部記者であった学生時代の先輩の紹介によって、履歴書（注2）を出しておいたが、直接会ってみないことには、採否（注3）は決められないという話であったからだ。

　そこで、その日、①新聞社を訪れたわけである。応接室には、私一人しかいない。しばらくして、めがねをかけ、背が低くやせて貧弱な四十歳ばかりになる人が現われた。

「君が、佐藤君ですか。」

「はい。」

「僕は、編集局長の村上です。君ですな、新聞記者になりたいというのは。」

「はい。」

「どうして、新聞記者を志望するのですか。」

「えー、そのー、実はそのー。」

「よし分かった、それでいい——ところで君の性格は、短気の方ですか、気長の方ですか。」と、質問するのである。これには困ってしまった。私は、そのときまで一度も自分が気短であるか気が長い人間であるか、考えたことがなかったのである。しかし、なんとか答えなければならないと思ったから、

「私は、うまれつき気長であって短気な人間であります。」と、答えたのである。ユーモアのない答えであったけれど、この時には、それ以上の答えが浮かばなかったのである。そこでもう、われながらこの面接試験には落ちただろうとあきらめていた。

「ああそうですか、分かりました。ちょっと待っていてください、入社していただくかどうかをすぐご返事しますから、ちょっと待ってくださいよ。」

　こういって村上編集局長は応接間から出て行った。私は期待しないで待っていた。待っていろというのに、挨拶もしないで帰るのは失礼であると思ったから、とにかく村上編集局長が、再び応接室へ現われるのを待っていた。すると、十分間もたたないうちに、村上さんはひょこひょこと応接室へ入ってきた。

　私は、あきらめていたのだが、村上さんはなんというだろうかと、興味をもって村上さんの顔を見た。

　「お待ちどおさま——それでは、明日から出社してください。えーと出勤時間は十時前後でよろしいでしょう。それで所属(注4) ですが、とりあえず社会部にしておきましょう。分かりましたね、明日からですよ。では、失礼。」

　それだけいったら、村上さんは部屋から出て行ってしまった。

　私は、あっけに取られて、②ぼんやりしたのである。新聞社というところは、なんと不可解(注5) なものだと思った。

（注1）応接間：お客さんが来たときに使われる部屋
（注2）履歴書：名前、住所、どういう学校を卒業したかなどの情報を書いた
　　　　　　　　書類
（注3）採否：社員として選ぶかどうかということ
（注4）所属：会社や団体などに加わること
（注5）不可解：理解できないこと

1 ①新聞社を訪れたとあるが、それはなぜか。

1 履歴書を出すため

2 新聞社で働いている先輩に会うため

3 面接を受けるため

4 新聞記事を提出するため

2 ②ぼんやりの使い方で正しいものはどれか。

1 妹は何が起こっているのかわからず、ぼんやりと口を空けていた。

2 生徒のぼんやりな学習態度に怒った先生は教室を出て行った。

3 その友達はぼんやりがあって、いつでも親切だ。

4 母親は子供がなかなか勉強しないので、ぼんやり机の前に座らせた。

3 筆者は明日どうすることになったのか。

1 明日、もう一度面接試験を受けることになった。

2 明日までに、記事をひとつ書いて持って行くことになった。

3 明日、面接の結果を聞きに行くことになった。

4 明日から新聞社で働くことになった。

（5）

　博物館はただ珍しいものや美しいものがたくさん並べてあるところではなく、それらが年代順に、あるいは地方別に、というように品物を順序(注1)よく、系統立てて(注2)並べられていなければなりません。博物館はこれらの品物を見る人が知識を広め、学問をするためのものですから、博物館の評価は展示品(注3)の多い少ないということよりも、または、めずしいものがあるかないかということよりも、その並べ方が良くできているかいないかということで決まるのです。そのため、いくらめずらしい品が多く、また良いものがたくさん並べてあっても、その並べ方に秩序(注4)がなく、めちゃめちゃであったならば、学問をするのに全く役に立たないのです。本当によい博物館は今言ったとおり、品物の並べ方が系統的に出来上がっているうえに、並べてある品物の目録(注5)が完全に作られていなければなりません。そうでないと、私たちは博物館で知識を広め、勉強するのに都合がよくないからです。そのため、博物館では、ひとつひとつの品物の名前、そのほかに必要な事柄を書き記した目録が出版されていなければならず、その目録の中には簡単な品物の説明と、必要ならば図のようなものも入れおくべきでしょう。世界各国にある大博物館では、みな、そうした立派な目録が出版されていて、博物館に行く人は、それらの目録を安く買うことができ、その目録と並べてある品物とを照らし合わせて、容易に研究することができるのです。

　博物館では、また目録のほかにも、展示品について手軽に知ることができるように、いろいろな書物が出版されていたり、絵葉書なども作られていて、訪れた人々が簡単にこれを買い、記念にし、後日の思い出とできるようになっています。更に、外から来た見物人や学者たちに研究させるばかりではなく、博物館にいる人自身がその展示品を利用して研究を重ね、それに関する立派な書物を次々と出版している例がたくさんあります。このように、目録やそれ以外の書物が出版されて、研究の結果が発表されるようにならなければ、真の博物館の役目は果たせないのです。大きい博物館を作ることは金さえあれば容易ですが、①よい博物館を作ることは金以外に更に知識が必要なため、とても困難なのです。

（注１）順序：何が先で、何が後に来るかという順番
（注２）系統立てる：ものごとをあるルールによって整理したり分けたりすること
（注３）展示品：多くの人に見せるために並べられた品物
（注４）秩序：ものごとの正しい順番
（注５）目録：展示品を整理して書かれた本、カタログ

1 博物館の説明として、正しいものはどれか。

1 人々に美しいものや珍しいものを見せるところ

2 人々が知識を広め、学ぶところ

3 目録や絵葉書を買うところ

4 研究の結果を発表するところ

2 博物館の評価について、筆者はどのように言っているか。

1 展示品の並べ方によって決まる。

2 展示品のめずらしさによって決まる。

3 展示品の多さによって決まる。

4 展示品の美しさによって決まる。

3 ①よい博物館とあるが、筆者の言うよい博物館とはどれか。

1 研究者が多くいる博物館

2 絵葉書などの記念品を安く買うことができる博物館

3 展示物が多く、何度も来たくなる博物館

4 品物が順序よく置いてある博物館

問題14　次は、三宅カルチャーワールドスポーツセンターのスポーツ教室受講案内
　　　　である。下の問いに対する答えとして、最もよいものを１・２・３・４
　　　　から一つ選びなさい。

（１）

1　みかさんとせつこさんが二人一緒に太極拳（たいきょくけん）を受講しようと思っている。二人
　　　が一緒に受講できるクラスはどれか。

1　②

2　③

3　②と③

4　①と②

2　ななさんは卓球（たっきゅう）を受講する事に決め、ダンスCの体験教室にも行こうと思ってい
　　　る。ななさんが９月に三宅カルチャーワールドスポーツセンターに支払う受講
　　　料はいくらか。

1　6500円

2　5000円

3　6000円

4　5500円

三宅カルチャーワールドスポーツセンター

9月よりいろいろなスポーツ教室が開講されます。

みなさんも一緒に体を動かしましょう！

受講スポーツ一覧表

スポーツ名	曜日	定員	時間
①太極拳A	水曜日	80名	10時30分〜12時
人気のため、満員まで残り1名です。お早めに			
②太極拳B	水曜日	50名	12時30分〜14時
定員に余裕あり。どんどん連絡して下さい。			
③太極拳C	水曜日	20名	14時30分〜16時
満員となりました。			
④ソフトテニスA	水曜日	30名	13時〜14時45分
初心者の方向けの教室です。			
⑤ソフトテニスB	水曜日	30名	15時〜16時45分
経験者の方向けです。男女共に人気ですよ。			
⑥卓球	金曜日	45名	18時〜20時
夜に時間のある方に最適です。ワイワイ楽しんでますよ！！			
⑦ダンスA（小学生/初級）	日曜日	20名	9時〜10時
小学低学年でも参加できます。とても人気の教室です。			
⑧ダンスB（小学生/中級）	日曜日	20名	10時10分〜11時10分
小学生(中学生〜高校生)に人気です。			
⑨ダンスC（中学生以上）	日曜日	20名	11時20分〜12時20分
初心者でも安心してどうぞ。			

三宅カルチャーワールドスポーツセンターはどのスポーツも受講料は1ヶ月5500円です。

満員になり次第、募集は終了となります！ご応募はお早めに！

お問い合わせ番号

電話：06－2351－5698

☆ご案内☆

特別企画〜☆9月のみ期間限定で通常の体験教室1000円が500円で体験可能！！！

ご応募お待ちしています。

問題14 次は「はすみ病院」の受診の案内である。下の問いに対する答えとして、
　　　最も良いものを１・２・３・４から一つ選びなさい。

（２）

１ 初めて受診する際は何が必要か。

　　1 銀行の通帳

　　2 健康保険証

　　3 運転免許証

　　4 診察券

２ 月曜の午後14：00に皮膚科を再受診しようと思うが、先に予約をしておきた
　　い。どの曜日の何時までに来れば予約ができるか。

　　1 土曜日の17：00まで

　　2 日曜日の13：00まで

　　3 土曜日の21：00まで

　　4 土曜日の7：30まで

はすみ病院の受診案内

★受診方法

1. 待ち時間短縮のため、診察は予約優先制となっております。
2. 初めて受診される方は総合案内所で受付いたします。その場合、健康保険証をお見せください。
3. 再診察の方は診察カードをお持ちいただき、診察機で確認をお願いします。
4. 診察機使用時間

   平日 7：30〜11：30、16：30〜20：00
   土曜 7：30〜12：00　※日祝は使用できません。

★診療科

内科、外科、皮膚科、眼科、小児科

★予約制について

1. 予約機で1つの診療科につき1回、1ヶ月先まで予約できます。
2. 予約をされていない方でも診察は受けられますが、待ち時間は各診療科でお尋ねください。
3. 予約機使用時間

   平日 7：30〜21：00
   土曜 8：00〜17：00　※日祝は使用できません。

★受付時間

1. 初診、または初めて違う科を受診される方は総合案内所で受付します。
2. 祝祭日と日曜日は休診です。
3. ただし、急な病気の場合は24時間受け付けております。

   （小児科を除く）

		受付時間	診察開始時間
月〜金	午前診察	7：30〜 11：30	8：30〜
	午後診察 (皮膚科は月・木のみ)	12：30〜 16：00	13：00〜
	午後診察(小児科)	完全予約制	14：00〜
	夜間診察	16：30〜 20：00	17：30
土	午前診察	7：30〜 12：00	8：30〜 (小児科のみ 9：00〜)

問題14 次は、大川駅周辺の地図である。下の問いに対する答えとして、最もよい
　　　　ものを１・２・３・４から一つ選びなさい。

（３）

[1] 大川駅から一番近い小学校に行くためには何番出口から行けば一番近いか。

　　１ ①番出口

　　２ ②番出口

　　３ ③番出口

　　４ ④番出口

[2] 大川商店街、大川小学校、スーパーSAEKIがある道を通らずに、歩道を通っ
　　　て大川神社から花屋に行くには何回横断歩道を渡らなければならないか。

　　１ ２回

　　２ ３回

　　３ ４回

　　４ ５回

大川駅周辺地図

角野ガソリンスタンド
木下動物病院
大川中学校
コンビニ
大川神社
ブックオン本屋
メガネの毛利
大川警察署
スーパーSAEKI
シューズSAEKI
大川小学校
大川商店街
写真館たまき
カレー屋はやし
吉野ラーメン
花屋
クリーニング右田
かすみ薬局
コンビニ
山田歯科
丸山内科
①
②
大川駅
④
③
駐車場
大川大公園
マンションビッグリバー
大川南小学校
ハピネス結婚式場
ひなた幼稚園
大川中公園
車道
歩道

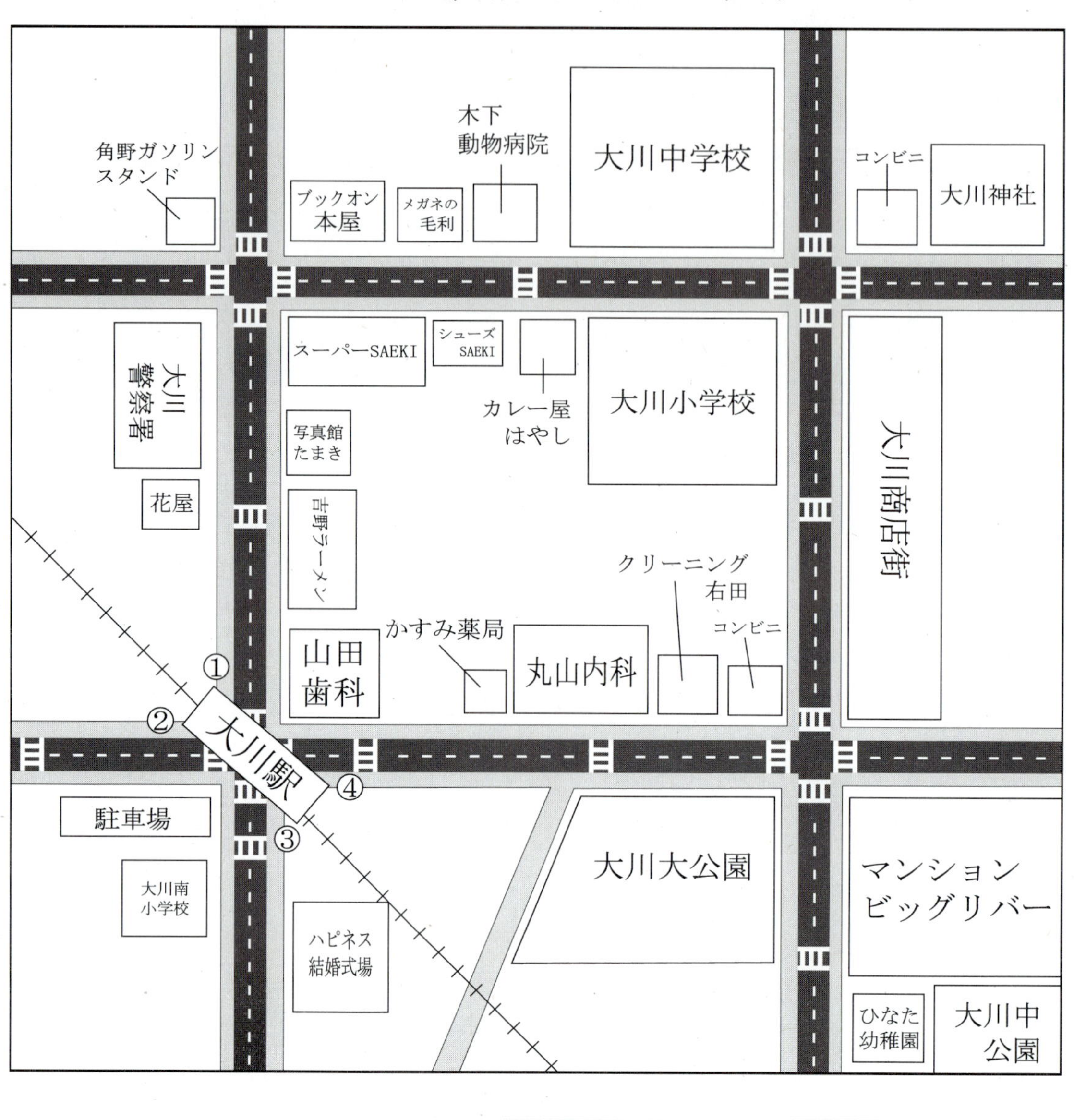

問題14 次は、映画館のホームページである。下の問いに対する答えとして、最も
　　　　よいものを1・2・3・4から一つ選びなさい。

（4）

<u>**1**</u>　6月1日にタカシさん、かなえさん、ケンジさん、まちこさんの4人がこの映
　　　画館に映画を観に行った。4人の内かなえさんとケンジさんは大学生でタカシ
　　　さんとまちこさんは中学生である。4人が映画館で払った料金の合計は何円に
　　　なるか。

　　　1　4,500円
　　　2　4,000円
　　　3　3,500円
　　　4　3,000円

<u>**2**</u>　5月28日に観ることのできる映画はどのような映画か。
　　　1　コメディー映画
　　　2　泣ける映画
　　　3　ホラー映画
　　　4　アクション映画

ＢＩＫＫＵＲＩ

シネマ

上映中作品

住所	123-4567 大阪府北 ○△市南□町4-3-5 スルービル8Ｆ
電話番号	06-1234-5678
料金	一般：¥1,800
	大学生：¥1,500
	高校生：¥1,500
	中学生：¥1,500
	小人：¥1,500
	シニア：¥1,500
備考	学生・シニア料金を ご利用の際は証明書 をご提示下さい。 シニア料金対称年齢 （６０歳〜）

映画見ようよキャンペーン６月企画
今度の６月は！

４人で来たら一人
無料！

プリンセス・カム・バック

監督：サム・ディーン
主演：スティーブン・ホワイト
上映期間：２０ＸＸ年５月５日〜６月１２日

さよならとの別れ
監督：羽根　敏子
主演：谷川　タケル
上映期間：２０ＸＸ年５月２５日〜６月１５日

シカの国の王になったら
監督：木下　真理子
主演：右田　明子
上映期間：２０ＸＸ年５月２９日〜

カメレオンの記憶
監督：玉城　芳野
主演：座敷童子
上映期間：２０ＸＸ年６月１０日〜３０日

ジャスミン
監督：マリー・キャメロン
主演：ジェームス・ミラー
上映期間：２０ＸＸ年６月１５日〜

ジョンがいた夏
監督：亀田　誠
主演：Ｊたむら太一
上映期間：２０ＸＸ年６月２５日〜

コメディー	泣ける	ホラー	LOVE	アクション

毎月１日は映画の日１，０００円デー

問題14 次は、ゲストハウス木下家の紹介と部屋の料金案内である。下の問いに対
する答えとして、最もよいものを1・2・3・4から一つ選びなさい。

（5）

1 絹代さんは一人でドミトリーAに2泊3日滞在し、その間2日朝食を利用
し、1回自転車を利用し、シャワーを3回使った。洗濯はしなかったが、バ
スタオルは3回借りた。最終日、絹代さんが、ゲストハウスに支払う金額は
何円になるか。

1　8,950円
2　8,500円
3　6,450円
4　6,000円

2 まこさんとジスさんが1泊2日ここに泊まる。まこさんとジスさんはそれぞ
れシャワーを1回、朝食を1日、自転車を1日利用するつもりでいる。二人
ともタオルは持っていない。追加料金を含め二人が一番安く泊まれる部屋は
どれか。

1　和室A
2　和室B
3　和室C
4　和室D

ゲストハウス 木下家

紹介

"ゲストハウス木下家"は日本家屋を再利用して出来たゲストハウスです。

ベッドから全て畳を利用しています。

畳に布団を敷いて寝て頂き、昔懐かしい日本を感じて頂ければ幸いです。

利用案内

お部屋	定員	料金	お部屋の内容
畳ロフト ドミトリーA (女性専用)	6	2,500円/人	女性専用のお部屋です。 ベッドの間には仕切りがありますので、プライベートも保たれます。
畳ロフト ドミトリーB (男性専用)	10	2,500円/人	男性、女性混合のお部屋です。 ベッドの間には仕切りがありますので、プライベートも保たれます。
和室A	1～2	2,800円/人	約3畳の小さめのお部屋です。
和室B※	1～2	2,900円/人	約4畳のお部屋です。 和室Aよりも少し大きめのお部屋です。
和室C	2	3,300円/人	約6畳のお部屋です。 和風の壁紙が可愛いお部屋です。 洗濯一回無料
和室D	2	3,350円/人	約6畳のお部屋です。 和風インテリアにこだわったお部屋です。 洗濯一回無料
和室トリプル※	3	3,400円/人	一番大きなお部屋です。 クローゼットも付いています。 洗濯一回無料

※印のお部屋には人数分のバスタオルが付いています。(無料)

追加料金で利用出来ます。

各オプション	料金
☆ 朝食	400円/日
☆ 自転車貸し出し	200円/日
☆ バスタオル貸し出し	150円/回
☆ 洗濯(洗剤込み)	150円/回
☆ シャワールーム	無料
☆ ドライヤー貸し出し	無料
☆ シーツ貸し出し	無料

N2

실전 대비 모의고사

모의고사

제 1 회

読解

問題10　次の文章を読んで、後の問いに対する答えとして、最もよいものを１・２・
　　　　３・４から一つ選びなさい。

（１）

　今の若い人たちは占いが好きな人が多い。占いとは様々な方法で人の未来など
を判断することで、このような占いをする人を占い師と言う。占う方法として
は、名前から判断する姓名判断、誕生日や生まれた時間から判断する四柱推命、
また手相(注1)から判断する手相占いなどがある。最近は占い師に直接みてもらわな
くてもインターネットなどでも診断できるので占いがより身近(注2)に楽しめるよう
になってきている。

（注１）手相：手の線やしわの様子
（注２）身近：自分と深い関係にあること

55　本文の内容と合っているものはどれか。

　　１　占い師とは占いを教える人のことを言う。

　　２　今の若い人たちは占いを習いたがっている人が多い。

　　３　占う方法として代表的なものは姓名判断だ。

　　４　今はインターネットでも占いを楽しむことができる。

（２）

　僕には五つ年の離れた兄がいるのですが、昔は些細(注1)なことでよく喧嘩しました。見たいテレビ番組の取り合い(注2)や食べ物の奪い合い(注3)など、顔を合わせれば喧嘩をし、よく母に怒られました。

　しかし、大きくなるにつれて喧嘩もしなくなり、お互いなんでも話せる関係になりました。仕事や恋愛(注4)のことなど親にはなかなか言えないことでも何故か兄には楽に話すことができました。兄は今でもいい相談相手です。

　昔は兄弟なんていないほうがいいと思っていましたが、今はいてくれて本当に良かったと思っています。

（注１）些細：あまり重要でない様子
（注２）取り合い：一つのものを取ろうとして争うこと
（注３）奪い合い：数に限りのあるものを取り合うこと
（注４）恋愛：特定の男性(女性)に特別の感情を感じて付き合うこと

56 筆者にとって今、兄とはどういう存在か。

　１　顔を合わせたくない存在

　２　些細なことで喧嘩してしまう存在

　３　いないほうがいい存在

　４　親には言えないことも言える存在

（3）

　現在、日本では血液の代わりになるものが作られていない。そこで輸血などの
ために無料で血液を提供(注1) する献血(注2) が行われている。献血はどこでできるの
かというと、各地にある血液センターや献血ルーム、献血用のバスなどで行うこ
とができる。最近の献血ルームでは献血した人には無料でジュースやケーキなど
が食べられるサービスも行っている。これは最近若年層(10、20代)の献血者が急に
減ったことが関係しているのかもしれない。

（注1）提供：物を相手に渡すこと
（注2）献血：健康な人が、輸血を必要とする人のために自分の血を無料であげ
　　　　　　　ること

57 献血について正しく書かれているものはどれか。

　　1 最近どの世代も献血をする人が減少している。

　　2 献血をすると無料でケーキなどが食べられる施設がある。

　　3 献血は血液センターでしかすることができない。

　　4 輸血のためにお金をもらって血液を提供することを献血と言う。

問題11　次の文章を読んで、後の問いに対する答えとして、最もよいものを１・２・
　　　　３・４から一つ選びなさい。

（１）

　推理小説(注1)というものは、他の小説よりもパズルの要素が多い。制作の方法を
見ても、一般の小説と推理小説では全くと言っていいほど違う。

　一般に小説というものは、元々考えた流れはあるが、書きすすめるうちに、登
場人物が勝手(注2)な行動を起こしたり、自ら展開や発展していくところに、文学の
創作という意味があるのである。元々のアイデア通りに書ききれたり割りきれて
しまっては、創造(注3)という作業は行われない。なぜなら、文学は自分の発見であ
り、常に状況を展開させてゆくことによって、自分の発見とか創造というものが
得られるからである。

　しかし、推理小説はこうはいかない。犯人は誰で、どのような理由によって、
どのような方法で殺人(注4)を犯したか、小説の最後になって明らかにされること
が、最初の段階で、明確に作られておらなければならず、書いている途中で登場
人物が勝手なことを始めたのでは、おさまり(注5)がつかない。①つまり、書いてい
る途中で犯人が変わってしまっては話にならないので、予定をはみだす(注6)ことの
できない性質のものというわけだ。

　だから、推理小説の原則(注7)は、文学よりもパズルに近く、正確に考えられた上
で、それをひっくり返して、書きすすめていくものである。

（注１）推理小説：犯罪に関係する秘密が、明らかにされていくという内容の小説
（注２）勝手：自分がしたいように行動すること
（注３）創造：新しいものを初めて作ること
（注４）殺人：人を殺すこと
（注５）おさまり：決着
（注６）はみだす：一定の範囲から外に出ること
（注７）原則：多くの場合に共通に使われる基本的な決まり

60 ①つまりとあるが、この使い方として正しいものはどれか。

1　明日遊びに行ってもいいが、つまり夜の9時までには帰ってきなさい。

2　つまりこの問題にはさっき習ったこの計算方法を使えばいいんですね。

3　さっきまで晴れていたのにつまり暗くなって驚いた。

4　つまり君はいつも僕の話を聞いてくれないから話したくなくなった。

61　推理小説について正しく説明されているものはどれか。

1　最初から最後の内容を明確に作っておかなければならないもの

2　初めに考えていた内容からずれていくところがおもしろいもの

3　一般の小説とほとんど違いがないもの

4　自分の発見や創造を得るために読むもの

62　本文の内容と合っているものはどれか。

1　推理小説も元々考えていた内容を変えていく方がおもしろい。

2　自分を知るために人々は推理小説を読もうとする。

3　推理小説は制作する時、最初に考えた内容を変えることができない性質を
　　持っている。

4　推理小説は犯人や殺す方法、殺した理由など考えなければならないことが
　　多くて他の小説を書くよりも時間がかかる。

（２）

　空腹感とはお腹がすいたという感覚のことです。この空腹感はただお腹がすいたと感じるだけならいいのですが、この状態が長く続くとイライラしたり胃が痛くなったりするので耐える(注1)のが辛いです。

　そこで、今日は空腹感をコントロールする方法を紹介したいと思います。

　まずは、食事を何度かに分けて少しずつ食べることです。こうすると定期的に少しずつ食べ物をとることができるので空腹感を感じることもありません。また、①これはダイエットをしている方にも効果があります。一度に食事をするよりも何回かに分けて食べる方が食べ物の吸収率が悪くなり脂肪(注2)になりにくいからです。

　次に食べる食品の種類を多くすることです。そうすることで、それぞれの消化器官(注3)で消化されるのに時間の差ができるので、長時間に渡ってエネルギーを取ることができて空腹感を感じるのに時間がかかります。しかし、いくら色々なものを食べたとしてもバランスが悪ければ体に良くないので栄養のバランスを考えることも重要です。

　最後にうどんやパンなどの消化の良いものはあまり食べないようにしましょう。これらの食品は消化されやすいので、すぐ空腹感を感じてしまいます。そのため、空腹感を感じないためにはすぐに消化されないもの(玄米(注4)、豆)を食べるようにし、コーヒーやお酒などの胃を刺激する物を控える(注5)ようにしましょう。

（注１）耐える：我慢すること
（注２）脂肪：体の肉となる部分
（注３）器官：何個かの組織の集まりで、一定の独立した形を持っているもの
（注４）玄米：ビタミンが多く含まれている米
（注５）控える：お酒や食べ物の量を少なくすること

63 空腹感を感じる状況として正しいものはどれか。

1 一日中冷たいジュースやアイスクリームばかり食べた時

2 朝から夕方まで何も食べていない時

3 前の日、2時間しか寝られなかった時

4 友達の家でご飯をいっぱい食べた状態で家に帰ってきた時

64 ①これとあるが、何を指しているか。

1 満腹をコントロールすること

2 食事を何度かに分けて少しずつ食べること

3 イライラしたり胃が痛くなったりすること

4 食べる食品の種類を多くすること

65 本文の内容と合っているものはどれか。

1 人は胃が痛くなって初めて空腹感に気づく。

2 消化にいいものは食べてもすぐに空腹感を感じてしまうので食べないほうがよい。

3 食事を何度かに分けて少しずつ食べると食べ物の吸収率がよくなるのでダイエットに効果的だ。

4 空腹感を感じないようにするためにはビールやワインなどを飲むほうがよい。

（3）

　現在、地球上で生きている全ての動物は食べ物を体内(注1)で熱に変えることができる。この時に大切な働きをするのが酸素である。この酸素を体内で消費すると活性酸素というものが発生(注2)する。この活性酸素は体の中に入ってきた害のあるものを殺したりするといういい面もあるが、基本的に体内に残しておくとよくないものである。体内でこの①活性酸素が発生する原因は色々ある。例えば酒を飲むことやタバコを吸うこと、激しい運動を急にすることなどだ。私達の体はこのような活性酸素をなくす仕組み(注3)が整っているのだが、今述べたような原因で活性酸素が急に増えるとその仕組みだけでは抑え(注4)きれず、更に増えるという最悪の結果に繋がる場合もある。

　しかし、この活性酸素は体内で長い間たまると、どのような悪い影響を人に与えるのだろう。それは病気になりやすくなるということだ。代表的な病気として糖尿病(注5)や癌(注6)などが挙げられる。これらの病気は９０％が活性酸素が原因と言われている。

　では、このような恐ろしい活性酸素の発生を抑える方法はないのか。それは、たばこを吸わない、また空気のきれいなところに住む、急な運動をしないようにするなどを心がけることだ。また、ビタミンを取ることも効果的な方法だ。ビタミンには活性酸素を害のない物質に変える働きがあるためだ。

（注１）体内：体の中
（注２）発生：物事が起こること
（注３）仕組み：構造のこと
（注４）抑える：一定の高さを超えないようにする
（注５）糖尿病：甘いものを食べ過ぎるとなる病気
（注６）癌：体に悪い塊ができる病気

66 活性酸素について正しく説明されているものはどれか。

1 活性酸素は食べ物を体内で熱に変えるのに必要なものである。

2 活性酸素を体内にためておくと病気になりにくくなる。

3 たばこを吸わないと体内に活性酸素が増えていってしまう。

4 活性酸素の発生を防ぐのにビタミンを含む食べ物が効果的だ。

67 ①活性酸素が発生する原因とあるが、この例として当てはまらないものはどれか。

1 毎日同じ距離を走る。

2 ビールを毎日飲む。

3 週末になると必ずタバコを吸う。

4 練習を全くせずマラソン大会に参加する。

68 本文の内容と合っているものはどれか。

1 活性酸素によって糖尿病や癌にかかった人は全体の90パーセントを超えている。

2 体内の活性酸素をなくす仕組みは活性酸素の量がいくら増えても機能は低下しない。

3 活性酸素は人の体内でいい働きもしている。

4 人の体内に活性酸素は良い影響しか与えない。

問題12　次の文章は、「相談者」からの相談と、それに対するAとBからの回答であ
　　　　る。三つの文章を読んで、後の問いに対する答えとして、最もよいもの
　　　　を1・2・3・4から一つ選びなさい。

相談者：

　私は息子のことで相談したいことがあります。私の息子は今年4歳なのです
が、一回に食べる量がとても多いんです。大人の私もびっくりしてしまうほど
です。最近では周りの人にも驚かれてしまいます。しかも、あまりかまずに飲
み込んでしまうので体に悪くないかも心配です。私が台所で何かをしていれば
食べ物をくれと言ってきます。家では私が止めればいいのですが、幼稚園など
では、自分のものがなくなると人のものをとって食べてしまったりするので、
早く食べてもらったり隠してもらったりして①大変な迷惑をかけてしまってい
ます。なぜこんなにも息子は食べ物を食べたがるんでしょうか。一体私はどう
したらいいでしょうか。

回答者：A

　私は子供の食べすぎを無理にやめさせなくてもいいと思います。私の息子も
そのくらいの歳にはよく食べていましたが、小学校に入ってからは食べる量が
急に減りました。学校で机に向かうことが増えて、動く時間がなくなってきた
からだと思います。あと1、2年様子を見てみてはいかがでしょうか。しか
し、かまずに食事をすることはあまりよくないので、そこは直した方がいいと
思います。それには歯ごたえのある食材を食べさせることが効果的ですよ。

回答者：B

　子供の食べすぎを直すには多すぎるおかわりは絶対に作らないことです。子供が泣いても「ない」と鍋や皿を見せ、我慢させます。また、色々なキャラクターを利用することもいいと思います。うちの娘は「メリーちゃん」が好きなので、メリーちゃんのぬいぐるみと一緒に食べさせます。そして娘にはできるだけメリーちゃんの「お世話係」として活躍してもらいます。「3回かまないとダメだよって教えてあげて。」「このご飯がなくなったら今回はおしまいだよって、教えてあげて。」など、娘からメリーちゃんを指導してもらいます。娘は、メリーちゃんの良い先生になろうとして娘もおとなしく食事を終えます。これは大きな効果があると思うので一度試してみてください。

69 ①大変な迷惑とあるが、大変な迷惑とはどんなことか。

1　息子が勝手に人のものを食べること

2　息子が私に食べ物をせがむこと

3　周りの人を驚かせること

4　台所で息子が食べ物を探すこと

70　「相談者」の相談に対するA、Bの回答について、正しいのはどれか。

1　Aは親が抱える問題の解決策を重点的に述べ、Bは子供の成長を重点的に考えている。

2　Aは子供の成長を重点的に考え、Bは親が抱える問題の解決策を重点的に述べている。

3　AもBももう少しそっと見守ることが大事だと言っている。

4　AもBも食べ過ぎに対する対策を述べている。

問題１３ 次の文を読んで、後の問いに対する答えとして、最もよいものを１・２・
３・４から一つ選びなさい。

　昔、昔、ある家に米や果物、豆などをたくさん持っていて、とても豊かに暮ら
しているお金持ちのねずみの夫婦が住んでいました。このねずみの夫婦にはしば
らく子どもができませんでしたが、やっとのことで何年後かに女の子が生まれま
した。その子はどんどん大きくなって、輝くほど美しくなって、ねずみの国で一
番いい娘になりました。両親は大きくなった娘の結婚相手は世の中で一番偉いも
のでないといけないと考えていました。

　そこでこの世の中で誰が一番偉いかと考えてみたのですが、何でも強い力で飛
ばすことができる風以外に考えられませんでした。

　そこで早速両親は娘を連れて、風のところへ行きました。

　「風さん、あなたは世の中で一番偉い方です。どうぞ私の娘をお嫁にもらってく
ださい。」

　「それはありがたいが、世の中には私よりもっと偉いものがあるよ。」と風は言
いました。お父さんはびっくりしました。

　「あなたよりも偉い方がいらっしゃるのですか。それは誰ですか。」

　「それは、壁さ。壁は私の力でもとても吹き飛ばすことはできないからね。」

　「なるほど。」お父さんはそこで、今度は壁のところへ行きました。

　「壁さん、あなたは世の中で一番偉い方です。どうぞ私の娘をお嫁にもらってく
ださい。」

　「それはありがたいが、世の中には私よりもっと偉いものがあるよ。」と壁は言
いました。お父さんはびっくりしました。

　「あなたよりも偉い方がいらっしゃるのですか。それは誰ですか。」

　「それは今私の前にいるねずみさんだ。私がいくら四角い顔をして、固くなって
頑張っていても、ねずみさんは平気で私の体を食い破って穴をあけて通り抜けて
(注1)いくだろう。だから私はどうしてもねずみさんにはかなわないよ。」

「なるほど。」とねずみのお父さんは、今度こそ本当に心から感心したように、ぽんと手を打って、「これは今まで気がつかなかった。じゃあ、私たちが世の中で一番偉いのですね。ありがたい、ありがたい。」と①<u>にこにこしながら、帰っていきました</u>。そして帰ると早速、隣の家のねずみを娘の婿(注2)にしました。

　若いお婿さんとお嫁さんは仲良く(注3)暮らして、お父さんとお母さんを大事にしました。そしてたくさん子どもを生んで、この家のねずみの家族はますますにぎやかになりました。

（注１）通り抜ける：一つのところを通ってその先へ出る
（注２）婿：結婚して妻の家の一人になった男性
（注３）仲良く：仲が良い様子

71 ①にこにこしながら、帰っていきましたとあるが、それはなぜか。

1 一日で色々なところに行って話を聞いて楽しかったから

2 世の中で偉いと思っていたものに結婚を断られて悲しかったから

3 娘の結婚相手が簡単に決まって嬉しかったから

4 世の中でねずみが一番偉いと言われて嬉しかったから

72 ねずみのお父さんは結局娘の結婚相手に誰を選んだか。

1 壁

2 ねずみ

3 風

4 米

73 本文の内容と合っているものはどれか。

1 ねずみの両親は一番初めに壁のところへ行って娘と結婚してくださいと
　頼んだ。

2 ねずみの夫婦は結婚してすぐに娘が生まれた。

3 壁が自分より偉いと思っているものはねずみだった。

4 ねずみのお父さんは仕方なく隣の家のねずみと娘を結婚させた。

問題14 次は、「きた市」の総合体育館の利用案内である。下の問いに対する答え
として、最もよいものを1・2・3・4から一つ選びなさい。

74 6人で体育館を利用したいときは、いつ申し込みをすればいいか。

　　1　利用当日
　　2　70日前
　　3　50日前
　　4　5日前

75 大きいミーティング室を一日中使いたいとき料金をいくら払えばいいか。

　　1　1000円
　　2　1200円
　　3　3500円
　　4　4000円

きた市総合体育館利用案内

○利用の申し込み

1. 個人で利用するときは、利用当日申し込みください。
2. 団体で利用するときは、利用日の60日前〜7日前までに使用許可申請書を提出して許可を得てください。

   （※ 利用人数が5人以上になると団体料金となります。）
3. 受付時間は、施設の会館時間内です。
4. 電話・郵便での受付はいたしませんので、直接お越しください。

○利用時間

午前9時〜午後9時

利用時間は、会場準備と後片付けの時間を含みます。

○休館日

・毎週月曜日

・12月29日から翌年1月3日まで。

※上記のほか臨時の休館日がある場合もある。

○使用料

以下の図の通りになります。

使用区分			使用料			
			午前	午後	夜間	全日
			9：00〜 12：00	13：00〜 17：00	18：00〜 21：00	9：00〜 21：00
専用使用	柔道場		1200円	1200円	1500円	4500円
	剣道場		1200円	1200円	1500円	4500円
	卓球場		1200円	1200円	1500円	4500円
	ミーティング室（大）		1000円	1200円	1200円	3500円
	ミーティング室（小）		300円	400円	400円	1000円
個人利用 （一人当たり）	柔道場 剣道場 卓球場 トレーニング室	大人 （高校生以上）	200円	200円	300円	700円
		子供 （小・中学生）	100円	100円	200円	600円

모의고사

제 2 회

読解

問題10 次の文章を読んで、後の問いに対する答えとして、最もよいものを1・2・
　　　　3・4から一つ選びなさい。

（1）

　多くの人がうがいと聞くと口でするものだと考えます。しかし、最近鼻でうが
いをする鼻うがいが注目されています。鼻うがいをする時に準備するものは人の
体温ほどの熱さのお湯と食塩です。方法としてはまず食塩をお湯の中に入れて混
ぜます。そして片方の鼻の穴を指で押さえてもう片方の鼻からそのお湯を吸いま
す。鼻の奥までお湯が流れてきたら口からお湯を出します。これを何回か繰り返
します。普段は一日一回すれば十分ですが、花粉症(注1)で辛い時や風邪を引いてい
る時は朝、昼、晩と三回すると効果がより表れます。

（注1）花粉症：花の粉によって起こる病気

55　本文の内容と合っているものはどれか。
　　1　鼻うがいは一日三回しないと全く効果がない。
　　2　風邪を引いていない時は一日に何回も鼻うがいをする必要はない。
　　3　鼻うがいは片方の鼻にお湯を入れてもう一方の鼻からそのお湯を出すのが
　　　　正しい方法だ。
　　4　お湯と塩を別々に鼻に入れると効果が高い。

（２）

　人にはそれぞれ癖がある。私の癖は緊張すると唇を噛んでしまうことだ。最近ではそのような人の癖で性格や恋愛(注1) 傾向などを分析してくれるサイトも出てきている。

　私は人の癖を観察することが好きなのだが、たまに見ていて良い気分にならない癖がある。①癖は無意識のうちにしてしまう行動なので、そのような悪い癖は直すべきだと思う。例えば、舌打ち(注2) や貧乏ゆすり(注3) などだ。これらは私だけではなく多くの人が嫌な思いをする可能性が高いので意識的に直すべきだろう。

（注１）恋愛：特定の男性(女性)に特別の感情を感じて付き合うこと
（注２）舌打ち：舌を上の歯に当てて、ちっと鳴らすこと
（注３）貧乏ゆすり：座っている時などに足を上下に激しく動かし続けること

56　①癖は無意識のうちにしてしまう行動とあるが、無意識にしてしまう行動の例に当てはまるものはどれか。

　1　八百屋で安くしてと言って店員を困らせた。

　2　ボールが飛んできたので危ないと思い一瞬でよけた。

　3　明日提出しなければならないレポートを２時間の間に終わらせた。

　4　眠たくなったのでベッドに横になった。

（3）

　自分の欠点はみんなそれぞれあると思いますが、みなさんはどういったときに自分の欠点に気づきますか。私は、失敗した時にいつも気づきます。それは失敗すると頭が真っ白になって自分でも見たくないような一面(注1)を無意識に見せてしまうからです。そんな時、「こんな自分は嫌だ。」と感じ、「あー、こういった動作や感情が自分の欠点なんだ。」と気づくのです。　私は欠点に気づくということはそれを直すことができ、自分を成長させられるので大事なことだと思います。

（注1）一面：物事の一方の面

57 筆者の考えと合っているものはどれか。

　1　頭が真っ白になったときは自分の欠点を見つけることができない。
　2　欠点に気づくことは自分の成長に繋がるので大切なことだ。
　3　人はみんな失敗したときのみに自分の欠点に気づくものだ。
　4　欠点に気づいてもそれを直すことは難しい。

　昨日私は奇妙（きみょう）な経験をしました。それは町で自分と同じ姿（すがた）をした人を見たのです。このことを友達に話しても「似た人なら私も見たことあるよ。そんなに気にすることないんじゃない？」と本気（ほんき）（注1）で聞いてくれません。しかし、似ているというレベルではなくあれは確実に私だったのです。顔も全く同じで、服もカバンも靴も私が持っているものでした。しかも、私の友達と楽しそうに話をしていたのです。夢かと思い、頬（ほお）をつねって（注2）みましたが、①夢ではなく…。外から自分を見ている感覚はとても不思議なものでした。

（注1）本気（ほんき）：真剣な気持ち
（注2）つねる：指で皮膚を強く挟むこと

58　①夢ではなく…とあるが、この後に続く文として当てはまるものはどれか。

　　1　過去でした
　　2　現実でした
　　3　現在でした
　　4　未来でした

（5）

　冬、家庭で最も喜ばれる料理は、鍋料理であろう。その理由は出来たてが食べられるからである。

　だから、鍋料理ほど材料の新鮮さの感じられる料理はない。そして最初から最後まで、献立から煮て食べるところまで、ことごとく(注1)自分で工夫し、加減をして作るので食べた時、余計においしく嬉しく感じる。また、鍋料理はみんなで一つの鍋をつついて(注2)食べるので親しみをもつことができる料理といえるだろう。

（注1）ことごとく：残らず
（注2）つつく：鍋料理などを繰り返し取って食べること

59 本文の内容と合っているものはどれか。

　　1 鍋料理は材料を煮ればいいので楽に作ることができる。

　　2 鍋料理は一つの鍋で食べるので食べた人は優しくなれる。

　　3 鍋料理は一年中家庭で喜ばれる料理だ。

　　4 鍋料理は最初から最後まで工夫しながら作るのでよりおいしいと思える。

問題11　次の文章を読んで、後の問いに対する答えとして、最もよいものを１・２・
　　　　３・４から一つ選びなさい。

（１）

　最近食べ物の味が薄く感じたり、味の区別がつかなくなる人が多い。このよう
な症状は①「味覚(注1)障害」と呼ばれている。一言で味覚障害と言っても、味の感じ
方が鈍くなる「味覚減退」や、味が全く分からない「味覚消失」など色々な症状が
ある。また、このような症状は自分も知らない間に進み、気がついた時には症状
がかなり悪くなってしまっている場合も多い。この味覚障害、昔は高齢者(注2)に多
かったのだが、最近は若い人の間でも増えてきている。
　では、この味覚障害の原因は何なのか。
　②若い人がなる味覚障害の一番大きな原因は体内の亜鉛不足だ。元々、亜鉛は
味覚を正常(注3)に保つ(注4)働きをする栄養成分だ。しかし、最近人々がよく食べて
いるファーストフードやインスタント食品では体に必要な量の亜鉛をとること
ができない。また、このような食品には亜鉛を吸収しにくくする物質が入ってい
る。
　舌にある味を感じる細胞(注5)は短い期間で新しいものに変わるのだが、その時に
亜鉛がたくさん必要になる。そのため、亜鉛が体内にないと細胞が新しいものに
変わることができず味覚障害を起こしてしまうのだ。
　食べることはただ栄養をとるということだけでなく、大きな楽しみだ。その幸
せをなくさないためには規則正しい生活や食習慣を身につけることが重要だ。

（注１）味覚：味を感じる感覚
（注２）高齢者：年齢が高い人
（注３）正常：正しい状態にあること
（注４）保つ：ある状態を変えないようにすること
（注５）細胞：生物の体を構成する機能上の基本単位

60 ①味覚障害とあるが、味覚障害について正しく書かれているものはどれか。

1 味覚消失が味覚障害の代表的な症状だ。

2 味覚障害は昔よりも高齢者の間で増加している。

3 亜鉛が含まれている食べ物を食べることは味覚障害の防止に役立つ。

4 ファーストフードには亜鉛が比較的たくさん含まれているので食べたほうがよい。

61 ②若い人がなる味覚障害の一番大きな原因は体内の亜鉛不足だとあるが、筆者は亜鉛が不足するとどうなると言っているか。

1 舌にある細胞が新しいものに変われないため味覚障害を起こす。

2 舌にある細胞が新しく変わりすぎてしまうため味覚障害を起こす。

3 舌にある細胞が短期間に新しくなったり古くなったりしてしまうため味覚障害を起こす。

4 舌にある細胞が新しくなった後に死んでしまうため味覚障害を起こす。

62 筆者の考えに最も近いものはどれか。

1 若い人が味覚障害になる原因にインスタント食品やファーストフードは大きく関わっている。

2 若い人が味覚障害になる一番の原因は規則正しい生活だ。

3 味覚障害の症状はすぐ気づくことができるので気づいたらすぐに病院に行くべきだ。

4 人が食べる理由はただ栄養を吸収するためだ。

（２）

　翻訳という仕事は、翻訳者自身のためにする仕事だと思う。翻訳を読んで原作（注1）を評価するのは非常に危険だというようなことも言えるし、また翻訳は一つの文化事業（注2）であるというような説もあるが、翻訳そのものは金になるならないに関係なく、誰でもやってみるといいのである。翻訳するということは、原作を少なくとも10回以上繰り返して読むことである。

　翻訳をやってみると、自分の語学力が知られるのである。翻訳をしながら、僕はこんなに日本語を知らないのかと思うだけでも、大変な薬になる。

　最初1度読んで面白かった本が、翻訳をしながら、あるいはしてしまうと、つまらなくなる場合がある。①大した作品ではなかった証拠（注3）である。

　出来上がった翻訳を読んでみて、原文の面影（注4）が伝えられているかどうか、そんなことはわかるもんじゃない。わかるのは、翻訳の文章が上手いか上手くないかである。

　色々な作家のものを翻訳するのに、その翻訳者が、彼自身の世界を持っていることは、かえって邪魔であるように考えられやすいが、決してそんなことはないと思う。

　翻訳の理想は、意味を正確に捉える（注5）以上に、日本文で原作の味を出すことにあるとされているようだが、それもただそう思わせるだけのことで、外国の本であれば日本文で②外国の味など出せるものではない。

（注1）原作：翻訳などをする前のもとの作品
（注2）事業：会社などを経営すること
（注3）証拠：事実を明らかにする決定的なもの
（注4）面影：あるものを思い出させる様子
（注5）捉える：物事の内容などを理解すること

63 筆者は翻訳をするメリットは何だと言っているか。

1 本を読む力が身につく。

2 語学の力がどのくらいあるのか分かる。

3 様々な日本語の表現を教えることができる。

4 原作を簡単に評価することができる。

64 ①大した作品とあるが、大したの使い方で正しいものはどれか。

1 いじめられていた仲間を一人で守ろうとした君は大した男だ。

2 腰が辛いようでしたらこのいすに大した腰掛けてください。

3 初めて大きな大会で優勝できて大した嬉しいです。

4 象は大した鼻で果物などを食べる。

65 ②外国の味とあるが、この表現と同じ意味のものはどれか。

1 外国みたさ

2 外国まみれ

3 外国だらけ

4 外国らしさ

（3）

　皆さんは猫にどういうイメージを持っていますか？　猫は犬よりも冷たく自分の気持ちを表現しないと考えている人も多いかもしれません。しかし、猫も犬と同じで、機嫌がいい時、悪い時の気持ちをきちんと行動に表します。まず、機嫌がいい時の行動は皆さんも知っているかもしれません。そう、喉をごろごろ鳴らすことです。しかし、猫が機嫌がいい時の行動は他にもあります。例えば、しっぽを立てている、丸くなって遠くを見ている、頭をすり寄せてくる…などです。逆に機嫌が悪い時は、鳴き声(注1) が低くなる、しっぽが震える、しっぽが太くなる…などで示します。

　また、猫は犬のように飼い主(注2) の言うことを聞かないことが多いので犬より頭がよくないイメージを持っている人もいるかもしれませんが、そんなことはありません。ただ、猫は犬よりも①面倒くさがりなので理解はできても行動に移さないことが多いだけです。ある研究で猫の脳細胞(注3) は、基本的には人間の脳細胞と同じだということがわかりました。そのため、喜び、怒り、痛みの感覚は人間と同じように感じることができます。

　こう見ていくと猫も近づきにくい存在ではないと感じてもらえると思います。

（注1）鳴き声：鳴く声
（注2）飼い主：動物を飼っている人
（注3）脳細胞：頭の中にあり、生物の体を作る基本的なもの

66 猫の機嫌がいい時の行動に当てはまらないものはどれか。

1 ごろごろという鳴き声を出す。

2 遠くを見つめる。

3 しっぽを立てている。

4 飼い主に頭をすり寄せる。

67 ①面倒くさがりとあるが、この例として正しいものはどれか。

1 兄に頼まれて兄の分の宿題を代わりにやってあげる人

2 お風呂の水を捨てるのがもったいないのでその水を洗濯に使う人

3 必要なものがあるとその度母に頼んで部屋まで持ってきてもらう人

4 忘れものをしたので隣のクラスの友達に借りる人

68 本文の内容と合っているものはどれか。

1 猫は犬よりも冷たい動物だ。

2 猫の行動をよく見ても猫の機嫌を知るのは難しい。

3 しっぽが震えている時の猫は機嫌がいい。

4 猫は飼い主の言うことを理解することができる。

問題12 次の文章は、「相談者」からの相談と、それに対するAとBからの回答であ
る。三つの文章を読んで、後の問いに対する答えとして、最もよいもの
を1・2・3・4から一つ選びなさい。

相談者：

　私は今、悩んでいることがあります。それは音がないと寝られないということで
す。私の親は音があっても寝られる人だったので小さい頃は問題はなかったので
すが、小学校高学年になり兄と同じ部屋を使うようになってからが問題でした。
兄は私と逆で静かな場所でしか寝られない性格だったので毎日けんかしました。
私がテレビをつけたまま寝ていると兄が消しにくる、そうすると私の目を覚まし
てつける…この繰り返しでした。今は一人暮らしをしているので問題はないので
すが、会社に寝泊り(注1)することが多く、その時は音をつけたまま寝られないので
寝不足になり次の日とても疲れます。このように不便なことも多いので①静かな
状態で寝てみようと何回も努力したのですが、なかなか寝られず辛かったです。
私はどうすればいいのでしょうか。いい方法があれば教えてください。

回答者：A

　私も音がないと寝られないので、私以外の家族や友達に「そんなうるさくしてよ
く寝られるね」とよく言われます。私はとても怖がりで静かなところで寝ると小さ
な音が気になって怖くなるのでテレビやラジオの音がある状態で寝るのが安心で
きるんだと思います。相談者さんがもし私と同じ理由だとしたらなかなか変える
ことは難しいと思います。外で寝ないといけない時は私は音楽をウォークマンで
聞きながら寝るようにしています。そうすれば周りの人に迷惑をかけることなく
音を聞きながら寝られますよ。最初は寝づらいかもしれませんが、慣れてくると
楽ですよ。一度試してみてください。

回答者：B

　私の息子も昔は音がないと寝られなかったのですが、不便で直そうと努力していました。始めは電気をつけたまま寝てみたり難しい本を読んで眠たくなるようにしたり色々努力はしていましたが、効果がなかったみたいで見ている私が辛くなるほどでした。しかし、そのうち寝るときに少しずつ音を小さくしていく方法に変えたら時間はかかりましたが、静かなところでも寝られるようになったみたいです。完全に静かな状態で寝られるようになるのは時間がかかるかもしれませんが、直したいようであれば少しずつ努力していくことが大事ではないでしょうか。

（注1）寝泊り：そこに宿泊すること

69　①静かな状態とあるが、静かな状態である場所として当てはまるものはどれか。

1　入学式が行われている学校の体育館
2　バーゲンの時のデパートの中
3　授業が終わり休み時間になった教室
4　家族全員が外出した後の家の中

70　「相談者」の相談に対するA、Bの回答について、正しいのはどれか。

1　Aは外で音を聞きながら寝る方法を紹介しており、Bは静かな場所で寝られるようにする方法を紹介している。
2　Aは静かな場所で寝られるようにする方法を紹介しており、Bは外で音を聞きながら寝る方法を紹介している。
3　AもBも外で音を聞きながら寝る方法を紹介している。
4　AもBも静かな場所で寝られるようにする方法を紹介している。

問題13 次の文を読んで、後の問いに対する答えとして、最もよいものを１・２・
　　　　３・４から一つ選びなさい。

　自分の頭が混乱したり、気持ちが弱くなったり、心が疲れたりしたときには、
私はよく歩きに出かけます。
　それは大抵の場合、そういう自分の状態を直そうと思ってすることではなく、
本能(注1)的にすることです。ほとんど無意識のうちに私は立ちあがり、簡単な準備
をして家を出て、外を歩いています。なぜ私が歩きにでかけるのかというと、私
が外にいることが好きなこと、風景を見ることが好きなことなどがありますが、
それだけではありません。また、普通の人がする散歩とも少し違います。
　歩いていていちばん最初にくるのは、それまで自分を縛っていた色々なものか
ら開放された感じです。①必ずしも家または家族との絆(注2)だけでなく、自分の
仕事や、その仕事の継続、全ての社会的な関係の絆から開放された感じ。そし
て、そのような絆につきまとって(注3)いる重量感が消えて、気楽になったような気
がします。自分が自分から抜け出して(注4)きた感じとでも言いますか。つまり苦労
だとか、努力だとかを、自分の机の上などに置いたままにして抜け出してきたと
いったような感覚です。

　そして私の目は、空を見たり地面を見たり木を見たり、花が咲いていれば、「あ
あ、そうだっけ、その季節だったな。去年もこうだったかな？　きれいだな。」
としみじみと思いながら見てすぎていきます。向こうから人が来る。近所の人だ
と挨拶をする。知っている子どもがいると、「元気そうだ。急にまた大きくなっ
た。」と思ったり。だんだん家から離れるにしたがって、会う人は知らない人
が多くなり、二十分も歩くと私は挨拶をする必要がなくなる。車が通る。犬が走
る。電車・家・店・人々の姿と声・草・川・それに色々なものの匂い……②その
頃には私はとても自由で孤独(注5)な人間になって歩いているのです。
　私は歩きながら、自分が今している仕事のことや生活上のいろんなことを、深
く考えたりはほとんどしません。歩きながら景色を見たり自然の音を聞くことに
夢中になっているときちんと考えることが不可能なのです。

제2회 모의고사　153

（注１）本能：生まれたときから持っている性質や能力のこと
（注２）絆：人と人の切ることのできない繋がりのこと
（注３）つきまとう：いつも側にいて離れようとしないこと
（注４）抜け出す：こっそりその場所を離れて外へ出ること
（注５）孤独：誰も回りにいず一人であること

71 ①必ずしも家または家族との絆だけでなくとあるが、必ずしもの使い方として正しくないものはどれか。

1 お金持ちだからといって必ずしも幸せな生活を送っているとは限らない。

2 私の妹は結婚しても必ずしも子どもをうむ必要はないと考えているようだ。

3 この商品は機能はたくさんあって便利だが、使い方が難しいのでお年寄りによって必ずしもいいとは限らない。

4 彼も試合に負けて悔しいと思うが、必ずしも元気になると監督が言っていた。

72 ②その頃とあるが、それはいつか。

1 知っている人がいなくなるほどの距離まで歩いてきた時

2 近所の人が通るたびに挨拶する時

3 花の咲く季節に道を歩いている時

4 去年と同じ道を歩きながら変化を楽しんでいる時

73 筆者の意見と合っているものはどれか。

1 歩いている時は日常生活についてはあまり考えない。

2 歩きに行く時はいつも一日前から準備をするようにしている。

3 色々なものから開放されたくて歩きに行くことが好きではない。

4 外にいることが好きというだけの理由でいつも歩きに行っている。

問題14 次の文は小川高校のクラブ活動についてのプリントである。後の問いに対
する答えとして、最もよいものを1・2・3・4から一つ選びなさい。

74 小川高校3年生のみゆきさんは毎週月曜日の午後4時から5時20分まで特
別授業を受けている。このみゆきさんが入ることができるクラブはいくつあ
るか。

1 7個

2 8個

3 9個

4 10個

75 高校2年生のまこと君は文化部のクラブに入りたいと思っている。今日は5
月20日だ。まこと君が入ることができるクラブはどれか。

1 演劇部

2 バスケットボール部

3 放送部

4 絵画部

小川高校 クラブ活動

運動部	活動日	活動時間	受付締切日
水泳部 （男・女）	毎週月・水曜日	17：00～19：00	4月30日
テニス部 （男・女）	毎週月～木曜日	17：30～20：00	5月 1日
野球部 （男のみ）	毎週月～金曜日	16：30～20：30	4月25日
サッカー部 （男のみ）	毎週水～金曜日	17：30～21：00	5月15日
バドミントン部 （男・女）	毎週火・金曜日	18：00～20：00	5月30日
バレーボール部 （男・女）	毎週月・火曜日	17：30～19：30	4月20日
バスケットボール部 （男・女）	毎週水・木曜日	17：30～19：30	5月28日
ダンス部 （男・女）	毎週金曜日	18：00～20：00	4月18日

文化部	活動日	活動時間	受付締切日
演劇部 （男・女）	毎週月曜日	17：00～19：00	5月16日
放送部 （男・女）	毎週月～金曜日	17：00～18：30	5月18日
英語部 （男・女）	毎週木・金曜日	16：30～17：30	5月29日
音楽部 （男・女）	毎週火～木曜日	17：30～19：00	4月12日
絵画部 （男・女）	毎週月・金曜日	17：00～20：00	4月25日
写真部 （男・女）	毎週火曜日	16：30～21：00	5月 3日

＊受付締切日が過ぎても締切日の3日後までであれば入部(注1) 可能です。

＊活動日が違えばクラブを二つ以上しても構いません。

（注1）入部：クラブに入ること

모의고사

제3회

読解

問題１０ 次の文章を読んで、後の問いに対する答えとして、最もよいものを１・２・
　　　　３・４から一つ選びなさい。

（１）

　本を早く読む「速読」という技術がある。速読は訓練によって身に付けられる技
術をいうが、速読を行うためには、まずは読む文章の中の単語の読み方や意味を
理解していなければならない。つまり、初めて速読を試みる(注1) 場合に全く知らな
い分野や難しすぎる文章は理解度に合った速さでしか読めず、速読の練習には適
さない(注2) のだ。速読を練習するのであれば、はじめは小学生を対象とした文学集
などを用いたほうが良い。

　次に具体的な練習方法を述べる。用意するのは時計と読みきり(注3) の本である。
目標時間を決めそれに合わせて本を読む。読み終わったら、即座(注4) にその本の要
点を簡単に述べる。これを何度か繰り返すことにより、速読力は向上していくだ
ろう。

（注1）試みる：実際に試してみる
（注2）適さない：ある対象に合っていないこと
（注3）読みきり：１回で終わり、連続しないこと
（注4）即座：すぐその場で

55 初めて速読する場合に適しているものはどれか。

　　1 外国語で書かれた子供の本
　　2 昔話が書かれた古文の教科書
　　3 人気のある連続小説
　　4 小学生の時の国語の教科書

（２）

　妊婦服(注1) とおしゃれの両立(注2) はできないものだとお考えの方は多いでしょう。しかし、それがそうではないと自分が妊婦(注3) になってはじめてわかりました。今の妊婦服は普通のおしゃれとかわらないぐらい、フォーマルなものからカジュアルなものまで種類が様々にあります。

　妊婦であってもおしゃれがしたい。そういった女性の願いが、現在のこのような傾向を生み出した(注4) のではないでしょうか。

　妊娠すると、大きくなるのはお腹だけではありません。胸も大きくなりますし、お尻の位置も変わってきます。しかし、全体に大きくなるわけではなく肩幅や脚などにはほとんど変化はありません。ですから、ただ単に大きい服を着れば良いというものではなく、しっかりとした妊婦用に作られた妊婦服が必要となるのです。

（注１）妊婦服：子どもがお腹の中にいる女性が着る服
（注２）両立：二つの物事が同時にきちんと出来ること
（注３）妊婦：子どもがお腹の中にいる女性のこと
（注４）生み出す：今までなかったものを作り出すこと

56　本文の内容に合っているものは何か。

　１　妊婦になるとおしゃれがしたくなくなる。

　２　妊婦になると肩幅以外はサイズが大きくなる。

　３　筆者には妊婦の経験がある。

　４　普通のおしゃれに比べ妊婦服には制限がある。

（3）

　海外において日本のような土産文化はあまり見られないという。だからといって土産文化のある日本人の自分にとっては、それはただの知識にしかすぎず、やはりどこかへ行けば土産を買わなくてはいけないという気持ちになる。もちろん、誰かに買ってこいと言われているわけではない。言われたとしても、それは会話の流れでの冗談の一つにすぎないことがほとんどである。土産を買わなくてはいけないという気持ちというのは自分自身の気持ちの問題にすぎない。

　だから、根本（注1）的には買うも買わないも自由なのであるが、やはりどこかへ行けば普段お世話になっている人には何か買っていかなくてはいけないと思うのだ。そして、ある人へのお土産を選んでいると、別のある人の事を思い出す。これが全くもって困る。なぜなら一度思い出せば、その人にも買わなくてはいけないと考えるのが自分という人間だからだ。それを何度か繰り返すうちに頭の中では次々に土産リストが追加されていく。

（注1）根本：物事が成り立つ基礎

57　本文は誰の考え方か。

　　1　他人の考え方

　　2　海外の考え方

　　3　お土産を買う人の考え方

　　4　筆者の考え方

（４）

「捨てる神あれば拾う神あり」これは「生きていれば人から見捨てられる(注1)こともあるが、それとは逆に人に助けられることもある。例え、不幸な事があってもあまり落ち込む(注2)な」という意味である。これは昔からよく聞くことわざの一つであり、ことわざとは人々(注3)が生活から得た経験や知識を教訓(注4)として例えを用いて後の人々に伝えてきたものである。

ほとんどの場合、そのことわざから本来の意味を理解できるものが多いが、ここにことわざとその意味が誤解されやすいものを一つ紹介する。

そのことわざは「情け(注5)は人のためならず」である。言葉の表現からは「情けをかけることは人のためにならない」という意味に解釈することができる。しかしそれは間違いであり、本来は「人に情けをかけることで、いつかそれはめぐって自分にかえってくる」という意味のことわざである。このように解釈を間違えることで全く別の意味になり、またそれが間違っていると知らずに、このことわざを使っている人は少なくない。

（注１）見捨てる：関係を持つことをやめる
（注２）落ち込む：気持ちが沈む
（注３）人々：人達
（注４）教訓：教え理解させること
（注５）情け：他人を大切にする心

58 筆者の意見と合っているものはどれか。

1　人に情けはかけないほうがいい。

2　意味が誤解されていることわざもある。

3　全く別のことわざを間違って使っている。

4　知識や経験はことわざにはなりにくい。

（5）

　今まで匂いがだめだとか、苦いとか、あれこれ言って避けてきましたが、この仕事をするにあたって飲めた方がいいのではないかと思い直して(注1)飲むようになりました。

　最初はやはり、今まで飲んでこなかったので美味しいとは感じず、粉薬(注2)でも飲むかのように飲んでいました。しかし、不思議なもので一杯、二杯と毎日続けて飲んでいくうちに少しずつ美味しく感じるようになってきたのです。そのうち仕事以外でも飲む機会が出てきて、今ではお気に入りのカフェさえある始末(注3)です。これを、食わず嫌い(注4)と言わず何と言いましょうか。全く、こんなに美味しいものをなぜ今まで飲んでこなかったのか、不思議に思います。まあ、昔の自分から言わせてもらえば、今飲めていることが不思議といったところでしょうが。こうなると、これの他にもまだ気がついていない良いものがどこかにあるのではないかという気がしてきます。

（注1）思い直す：心に決めたことを改める
（注2）粉薬：粉の薬
（注3）始末：物事の始めと終わり
（注4）食わず嫌い：食べたことがないものを嫌いだと決める

59　本文は何について書かれているか。

　　1　コーヒー

　　2　お茶

　　3　粉薬

　　4　お酒

問題11 次の文章を読んで、後の問いに対する答えとして、最もよいものを１・２・
３・４から一つ選びなさい。

（１）

　現在はテレビ、ラジオ、パソコン、そして携帯（注1）電話などで簡単に知ることが
できる天気ですが、そのようなものが無かった時代にも人々は天気を知ることが
できました。

　私は登山を趣味としていますが、山に入れば地上（注2）と違い、得ることのできる
情報は少なくなります。せいぜいよくて携帯ラジオの情報といったところでしょ
うか。

　それに加え、①山の天気は変りやすいと有名なように、山の下での天気予報が
必ずしも山の天気と同じというわけではないのです。そんな時に覚えていて大変
役に立つのが（　②　）を見ての天気予測です。よく山で暮らす人たちは空と雲
を見れば明日の天気が分かるといいますがこれは本当の話です。このような天気
予測を③「観天望気」と言います。観天望気は空の色や雲の動き、自然の変化の様
子から天気を予想（注3）する方法です。

　その中に雲を見ての観天望気があります。「巻雲」と呼ばれる雲は、しばらく晴
れが続いている時に現れます。この雲が西に現れて、だんだんと広がっていく場
合には、それから１日〜２日後に雨が降る可能性があります。

　次に「巻積雲」。この雲には太陽の光が当っても雲に影ができにくく雲の色が白
いのが特徴的です。この雲が現れて広がってくると次の日は雨だといわれていま
す。

（注１）携帯：身につけたり、手に持ったりすること
（注２）地上：地面の上
（注３）予想：物事の結果について前もって見当をつけること

60 ①山の天気は変りやすいとあるが、これは何を意味するか。

　1　いつも使っているテレビなどからの天気情報は役にたたない。

　2　電波が乱れて携帯ラジオが使えなくなる。

　3　自然は人間には操作できない。

　4　山で暮らすことはとても難しい。

61 （　②　）に当てはまるものはどれか。

　1　山

　2　地上

　3　雲

　4　テレビ

62 ③観天望気とあるが、観天望気に当てはまらないものはどれか。

　1　祖父は空を見ただけで今日の天気を言い当てる。

　2　空気が湿ってきているので雨がふるかもしれない。

　3　風が強く吹いてきたから、予定より早く雨がふりそうだ。

　4　朝見た天気予報では明日の天気は曇りのち雨だそうだ。

（２）

　パソコンの操作や書き物(注1)など、同じ姿勢で長い時間作業を続けていると、首や肩の筋肉が緊張して、血液の循環が悪くなります。すると筋肉へ酸素が（　①　）に行かなくなり、筋肉の中に疲労(注2)物質がたまり、筋肉が張ったような感じになります。これが②「肩こり」といわれる症状です。

　頭というのは案外重みがあり、首の骨は一本でそれを支えています。首には前と後ろに筋肉が付いていてどちらかに重みが集中しないようにバランスを取っています。筋肉は丈夫に作られていますが、それにも限度があるのです。

　③肩こりを治すため、また予防するために重要なことは長い時間同じ筋肉に負担をかけないことです。首の筋肉はパソコンや書き物の時に、前に傾いた重い頭を後ろの筋肉で常に支えています。ですから、その事を意識して１時間の間に５分程度違う姿勢で休むことを意識した方が良いでしょう。

　筋肉は強くつまん(注3)だり、叩いたりする刺激にはとても弱いので、肩こりになった時にまずやってはいけないことは、つまむ、叩く、の二つです。解消法(注4)としては数を数えながらゆっくりと首を前と後ろに動かしたり、張った感じのある筋肉の部分をもんでほぐす(注5)など筋肉の中の血の流れを良くする方法が良いでしょう。

（注１）書き物：書いたもの
（注２）疲労：疲れること
（注３）つまむ：指先ではさむこと
（注４）解消法：今までの状態や関係をなくすこと
（注５）ほぐす：固まっているものを柔らかくすること

63 （　①　）に当てはまるものはどれか。

1　当分

2　半分

3　自分

4　十分

64　②肩こりとあるが、その原因に当てはまらないものはどれか。

1　頭の重み

2　作業の姿勢

3　疲労物質

4　叩く刺激

65　③肩こりを治すためとあるが、それに適しているものはどれか。

1　マッサージを仕事にする。

2　1時間の間に5分に一度はインターネットで仕事以外のページを見る。

3　意識して身体を動かす。

4　肩を子どもに叩いてもらう。

（3）

　学生の時、家に来た友人に手料理(注1)をごちそうしたことがある。その時のことだが、友人は私が作った鶏肉の照り焼きだったか、何だったかを一口口に入れて箸をおいてこういったのだ。「こんなに味のしない鶏肉は初めてだ。」その時はせっかく作ってやったのに、なんて失礼な奴(注2)だと思ったが、言われてから改めてその料理を食べてみると、なるほど、友人の言う通り全く味がしなかった。

　小さい時から母に言われていることがある。「お嫁に行く時は料理を習いに行きなさいよ。」と、母はそれを自分の経験から私にそう言っていたのであろう。別に母が、料理が下手だという訳ではないが、昔から父や兄にあれこれ味について①文句を言われている時があった。私は、毎日作ってもらっているだけでもありがたいと思えないのだろうか、と彼らに対してあまり気分がよくなかった。だから母の言葉の真の意味は「せっかく作ってもあれやこれやと文句を言われれば悲しくなるから、そうなる前に作れるようになりなさい。」だったのではないだろうか。

　だからといって、それを見て、聞いていながらもあまり料理をすることに興味のなかった私は、今だに料理をする習慣は身についていない。

　最近、親友の結婚の知らせが届いた。②彼女は学生時代から料理が上手で、私もよく食べさせてもらった。本当に彼女の料理はおいしかった。驚いたのは彼女の結婚相手である。学生時代私の料理に箸をおいた友人だ。二人の友人の結婚が嬉しいと同時に、親友の美味しい料理を毎日食べることのできるその友人を羨ましく思った。そして料理ができるのもいいな、と思った。

（注1）手料理：自分で作った料理
（注2）奴：あいつ

66 ①<u>文句を言われている時</u>とあるが、その時に文句を言っていたのは誰と誰か。

1　母と私

2　友人と父と兄

3　母と親友

4　兄と父

67 ②<u>彼女</u>とあるが、本文に出てくる女性は何人か。

1　1人

2　2人

3　3人

4　4人

68　筆者は料理についてどう思っているか。

1　結婚する時には必ずできるようにならないといけないもの

2　今はできなくても結婚すればできるようになるもの

3　何を言われても絶対にしたくないもの

4　昔から得意でないもの

問題12 次の文章は、「相談者」からの相談と、それに対するAとBからの回答であ
　　　　る。三つの文章を読んで、後の問いに対する答えとして、最もよいもの
　　　　を1・2・3・4から一つ選びなさい。

相談者：

　「寄付」について相談させて頂きます。

　私は学生の頃より就職したら、寄付を始めようと思っていました。寄付につ
いて興味を持ったのは大学2年生の時で、好きな歌手が海外の医療団体に毎年
寄付を行っていると聞いてからです。それを聞いて寄付に感心を持ち、お金を
もらう社会人となった時、学生の時のように自分のためにお金を使うのでは駄
目だと思いました。自分以外の何かにお金を使う事で、大人の余裕を身に付け
られると考えたからです。そして去年の末、幸運にもこの就職難(注1)の中、希望
の会社に入社することができ、来週初めてのお給料を頂きます。

　①その日を前に、現在色々と寄付を行う機関を探しているのですが、沢山あ
りすぎてどこに寄付をするべきか悩んでしまいました。寄付といってもたいし
た金額ではありませんが、良い寄付先があれば教えて頂きたいです。

回答者：A

　はじめに、初めてのお給料から寄付を考えていらっしゃるあなたのお考えにと
ても感心致します。

　しかし、良い寄付先については、何とも申し上げにくいです。何故なら、何か
を良いと思う事、悪いと思うこと、また何も感じない事、これらは人それぞれだ
からです。私にとって大切なことでも、あなたにとってはどうでもいい事かもし
れない。だから、寄付をする機関については、寄付をすることだけを目的として
考えるのではなく、まずは今の世の中で自分が何に感心を持っているのかを考え
る事が良いと思います。そうすれば、自然に自分がどこに寄付を行うべきかが分
かるはずです。

回答者：B

　寄付は金額ではありません。心だと僕は思っています。僕も毎月少しですが寄付を行っています。寄付をしている所は家庭の事情で、進学したくても進学できない学生を援助する団体です。僕の場合寄付を行うきっかけとなったのは母でした。母は中学生の時、家庭の事情から高校の進学は諦めるほかない状況にありました。しかし、小学生の時の担任(注2)の先生が援助を申し出て(注3)下さり、その先生の援助を受けて夜間の高校へ行くことができました。母は社会人になった後、その先生にその時のお金を返しに行ったそうですが、先生はそれを受け取らなかったそうです。母は考え、そのお金を自分と同じ境遇(注4)の学生達の助けにならないかと考えたそうです。そんな時、その先生が母と同じように家庭の事情から進学できない学生を金銭援助する団体を設立(注5)したことを聞き、それから何十年も毎年そこに寄付を行ってきました。僕はその話を聞き、母に学ぶ機会を下さった先生に感謝すると同時に、先生と母の人間性にとても感動を受けました。そして、5年前母が80歳の誕生日を迎えたのを期に、母から寄付の役目を譲ってもらうことにしました。これからも、自分のできる範囲で長く続けていきたいと思います。僕はこの寄付は誰でもない、自分のために行っていることだと考えています。あなたも、あなたの心がどこにあるのかを確かめてから、それが生かされる場所を見つけてはどうでしょうか。

（注1）就職難：就職するのが難しい状況
（注2）担任：担当の先生
（注3）申し出る：自分から言ってでる
（注4）境遇：その人が置かれた家庭環境
（注5）設立：組織や施設などを新しく作ること

69 相談者が思う①その日はどれか。

1 初めて給料をもらう日

2 寄付に興味を持った日

3 就職出来た日

4 歌手が寄付を行う日

70 「相談者」の相談に対するA、Bの回答について、正しいのはどれか。

1 AもBも寄付はしない方がいいといっている。

2 AもBも自分で良く考えたほうがいいといっている。

3 Aは寄付に賛成的で、Bは寄付に反対である。

4 Aはどこの寄付先も勧めておらず、Bは具体的な寄付先を勧めている。

問題13　次の文を読んで、後の問いに対する答えとして、最もよいものを１・２・
　　　　３・４から一つ選びなさい。

　私達夫婦には息子と娘が一人ずつおりますが、今は二人とも成人を迎え大学も
卒業し、家から出て社会人として外で働いております。親として、二人が無事に
成人を迎えられたことを嬉しく思う反面、子ども達がいなくなって静かになった
この家には少し寂しさを感じております。
　それもあり、①犬か猫でも飼いたいと思っていましたが、マンション住まいの
ため叶いません(注1)。ですが、小鳥は飼っても大丈夫だと聞き、子ども達が小さい
時にも小鳥を飼ったことがあることから、去年より思い切って(注2)セキセイインコ
(注3)を飼っています。
　１月25日静岡県生まれのインコで、名前はモモタロウといいます。小鳥は子
供の時の飼育(注4)は難しいので、１カ月はペットショップに預かっていただきまし
た。私達はその間、暇を見つけてはモモタロウに会うためにペットショップまで
足を運びました。そして、３月８日に晴れてこの家の家族になりました。私達は
早速、親バカぶりを発揮し、育て方の本、そしてペットショップにある玩具を一
つ一つ買い集めました。気がついたら全種類を買っておりました。当然②ペット
ショップの店員さんとも仲良くなり、モモの爪切りなどはお願いして切ってもら
っています。
　そんな我が家のモモタロウですが、今年の春に私の不注意で足に怪我をさせて
しまい、動物病院に連れて行くことになりました。病院では検査のためにレント
ゲンを撮りました。レントゲンに映ったモモタロウの姿が凄かったので記念にほ
しいと思いましたが、③そんな事を言っていいものかと考え、結局言えずその願
いは叶いませんでした。幸い骨折はしておらず安心しましたが、獣医(注5)からは一
週間ほど安静(注6)にするよう言われ、飲み薬を渡されました。しかし、モモが嫌が
るのでこの薬を与えるのがとても大変でした。今は、健康で元気に過ごしていま
す。早くから私達に馴れていて、肩や手に愛嬌(注7)良く乗ってきます。また、イン

コの雄(注8)は言葉を話すこともできます。モモタロウも片言(注9)ですが、自分の名前や少し言葉を話しています。

　彼がいるだけて夫婦の会話も増え穏やかな日々を過ごすことができます。朝食時にモモの名前を呼ぶと、鳥かごの端まで来て騒ぎます。私達と同じホットケーキを食べたいからです。インコの平均寿命は6〜10年位と聞いております。彼の寿命が終わるまで大切に育てたいと思っております。

（注1）叶う：そうすることができる
（注2）思い切って：決心して
（注3）セキセイインコ：鳥の種類
（注4）飼育：動物を飼って育てること
（注5）獣医：動物の医者
（注6）安静：病気を治すため、静かに寝ていること
（注7）愛嬌：かわいらしいこと
（注8）雄：男
（注9）片言：不完全な言葉

71　①犬か猫でも飼いたいと思っていましたとあるが、筆者はなぜそのように
　　思ったのか。

　　1　小鳥はマンションでは飼えないから

　　2　子ども達が寂しがるから

　　3　子どもが小さい時に飼っていたことがあるから

　　4　家の中を賑やかにしたいと思ったから

72　②ペットショップの店員さんとも仲良くなりとあるが、なぜ仲良くなったのか。

1　よくペットショップに行くから

2　モモタロウの愛嬌が良いから

3　ペットショップの小鳥の爪を切ってあげているから

4　暇な店員が多いから

73　③そんな事を言っていいものかとあるが、筆者はなぜそう思ったのか。

1　モモタロウに怪我をさせたことを獣医に怒られたから

2　モモタロウが骨折をしていたから

3　怪我をして撮ったものだから

4　レントゲンの値段が高かったから

問題14 次は、田村さんの６月のスケジュールである。下の問いに対する答えと
　　　　して、最もよいものを１・２・３・４から一つ選びなさい。

74 田村さんの日本の自宅は京都にあるが、田村さんはこの月何日大阪にいる
　　　か。

　　１　７日
　　２　８日
　　３　９日
　　４　10日

75 田村さんが６月働かない日は何日あるか。

　　１　14日
　　２　15日
　　３　16日
　　４　17日

6月

月	火	水	木	金	土	日
	1 日本帰国 12：50 飛行機到着 （ソウル発 　大阪着） 自宅14時 到着予定	2 14：00 佐々木先輩 と会う （大阪） 20：00 自宅帰宅	3 12：00 山下先生 と昼食 （大阪） 18：00 自宅帰宅	4	5 16：00 近所の公園 で朝子と会 う	6 15：00 村木さんの 家に泊まる （大阪） 2泊3日
7 村木さんの 家	8 19：00 自宅帰宅	9 キムさん来 る。 空港（大阪） に出迎え 京都観光	10 キムさんと 大阪観光 一泊（大阪）	11 午前10時の 飛行機キム さん帰国見 送り（大阪） 15：00 自宅帰宅	12	13
14 韓国に帰る 飛行機（大阪 発ソウル着） 14：20	15 仕事 10：00〜 19：00	16 仕事 10：00〜 19：00 19：30 キムさんと 会う	17 仕事 10：00〜 19：00	18 仕事 10：00〜 19：00 イさんと 勉強	19 仕事 13：00〜 19：00	20 ジノンと勉強 12：00〜
21 仕事 10：00〜 19：00	22 仕事 10：00〜 19：00	23 仕事 10：00〜 19：00	24 仕事 10：00〜 19：00	25 仕事 10：00〜 19：00	26	27 仕事 13：00〜 19：00 ジノンと勉強
28 仕事 10：00〜 19：00	29 仕事 10：00〜 19：00	30 仕事 10：00〜 19：00				

N2

정답

1. 접속사

1-1. 3	1-2. 2	1-3. 1	1-4. 4	1-5. 2
2-1. 2	2-2. 1	2-3. 4	2-4. 1	2-5. 3
3-1. 1	3-2. 3	3-3. 1	3-4. 4	3-5. 1

2. 원인.이유

1-1. 3
2-1. 3
3-1. 3

3. 필자의 주장

1-1. 2
2-1. 1
3-1. 2

4. 내용파악

1-1. 4
2-1. 2
3-1. 4

5. 정보 찾기

1-1. 3	1-2. 3
2-1. 1	2-2. 4
3-1. 4	3-2. 4

6. 복수의 제시문

1-1. 2	1-2. 3	1-3. 1
2-1. 4	2-2. 2	2-3. 2
3-1. 4	3-2. 1	3-3. 4

問題10

1-1. 3	2-1. 2
3-1. 2	4-1. 3
5-1. 2	6-1. 2
7-1. 4	8-1. 2
9-1. 3	10-1. 1

問題11

1-1. 3	1-2. 4	1-3. 1
2-1. 2	2-2. 3	2-3. 4
3-1. 2	3-2. 1	3-3. 3
4-1. 2	4-2. 4	4-3. 1
5-1. 3	5-2. 1	5-3. 2
6-1. 1	6-2. 3	6-3. 4
7-1. 4	7-2. 3	7-3. 2
8-1. 4	8-2. 1	8-3. 2
9-1. 4	9-2. 1	9-3. 3
10-1. 3	10-2. 4	10-3. 1

問題12

1-1. 2	1-2. 1
2-1. 2	2-2. 3
3-1. 1	3-2. 2
4-1. 4	4-2. 2
5-1. 1	5-2. 4

問題13

1-1. 3	1-2. 3	1-3. 3
2-1. 3	2-2. 3	2-3. 2
3-1. 3	3-2. 4	3-3. 4
4-1. 3	4-2. 1	4-3. 4
5-1. 2	5-2. 1	5-3. 4

問題14

1-1. 1	1-2. 3
2-1. 2	2-2. 1

3-1. 3   3-2. 2
4-1. 3   4-2. 1
5-1. 3   5-2. 2

모의고사 1회

問題10
55. 4   56. 4   57. 2   58. 1   59. 2

問題11
60. 2   61. 1   62. 3
63. 2   64. 2   65. 2
66. 4   67. 1   68. 3

問題12
69. 1   70. 2

問題13
71. 4   72. 2   73. 3

問題14
74. 3   75. 3

모의고사 2회

問題10
55. 2   56. 2   57. 2   58. 2   59. 4

問題11
60. 3   61. 1   62. 1
63. 2   64. 1   65. 4
66. 1   67. 3   68. 4

問題12
69. 4   70. 1

問題13
71. 4   72. 1   73. 1

問題14
74. 2   75. 3

모의고사 3회

問題10
55. 4   56. 3   57. 4   58. 2   59. 1

問題11
60. 1   61. 3   62. 4
63. 4   64. 4   65. 3
66. 4   67. 3   68. 4

問題12
69. 1   70. 2

問題13
71. 4   72. 1   73. 3

問題14
74. 4   75. 3

해답 용지

1교시
모의고사

N2　言語知識（文字・語彙・文法）・読解　解答用紙

受　験　番　号 Examinee Registration Number		名　前 Name	

< 　ちゅうい　Notes　 >

1. くろいえんぴつ（HB、No.2）で　かいてください。
Use a black medium soft (HB or No.2) pencil.

2. かきなおすときは、けしゴムで　きれいにけしてください。
Erase any unintended marks completely.

3. きたなくしたり、おったりしないで　ください。
Do not soil or bend this sheet.

4. マークれい　Marking examples

よい Correct	わるい Incorrect
●	⦸ ⊘ ◯ ⦶ ⊖ ⦵ ◍

問 題 1

1	①	②	③	④
2	①	②	③	④
3	①	②	③	④
4	①	②	③	④
5	①	②	③	④

問 題 2

6	①	②	③	④
7	①	②	③	④
8	①	②	③	④
9	①	②	③	④
10	①	②	③	④

問 題 3

11	①	②	③	④
12	①	②	③	④
13	①	②	③	④
14	①	②	③	④
15	①	②	③	④

問 題 4

16	①	②	③	④
17	①	②	③	④
18	①	②	③	④
19	①	②	③	④
20	①	②	③	④
21	①	②	③	④
22	①	②	③	④

問 題 5

23	①	②	③	④
24	①	②	③	④
25	①	②	③	④

⋮

問 題 9

50	①	②	③	④
51	①	②	③	④
52	①	②	③	④
53	①	②	③	④
54	①	②	③	④

問 題 10

55	①	②	③	④
56	①	②	③	④
57	①	②	③	④
58	①	②	③	④
59	①	②	③	④

問 題 11

60	①	②	③	④
61	①	②	③	④
62	①	②	③	④
63	①	②	③	④
64	①	②	③	④
65	①	②	③	④
66	①	②	③	④
67	①	②	③	④
68	①	②	③	④

問 題 12

69	①	②	③	④
70	①	②	③	④

問 題 13

71	①	②	③	④
72	①	②	③	④
73	①	②	③	④

問 題 14

74	①	②	③	④
75	①	②	③	④

N2　言語知識（文字・語彙・文法）・読解　解答用紙

受験番号
Examinee Registration Number

名前
Name

< ちゅうい　Notes 　>

1. くろいえんぴつ（HB、No.2）で
かいてください。
Use a black medium soft
(HB or No.2) pencil.

2. かきなおすときは、けしゴムで
きれいにけしてください。
Erase any unintended marks
completely.

3. きたなくしたり、おったりしないで
ください。
Do not soil or bend this sheet.

4. マークれい　Marking examples

よい Correct	わるい Incorrect
●	⊘ ◑ ◎ ⦵ ⊖ ◍ ⬤

問題 1

1	①	②	③	④
2	①	②	③	④
3	①	②	③	④
4	①	②	③	④
5	①	②	③	④

問題 2

6	①	②	③	④
7	①	②	③	④
8	①	②	③	④
9	①	②	③	④
10	①	②	③	④

問題 3

11	①	②	③	④
12	①	②	③	④
13	①	②	③	④
14	①	②	③	④
15	①	②	③	④

問題 4

16	①	②	③	④
17	①	②	③	④
18	①	②	③	④
19	①	②	③	④
20	①	②	③	④
21	①	②	③	④
22	①	②	③	④

問題 5

23	①	②	③	④
24	①	②	③	④
25	①	②	③	④

…

問題 9

50	①	②	③	④
51	①	②	③	④
52	①	②	③	④
53	①	②	③	④
54	①	②	③	④

問題 10

55	①	②	③	④
56	①	②	③	④
57	①	②	③	④
58	①	②	③	④
59	①	②	③	④

問題 11

60	①	②	③	④
61	①	②	③	④
62	①	②	③	④
63	①	②	③	④
64	①	②	③	④
65	①	②	③	④
66	①	②	③	④
67	①	②	③	④
68	①	②	③	④

問題 12

| 69 | ① | ② | ③ | ④ |
| 70 | ① | ② | ③ | ④ |

問題 13

71	①	②	③	④
72	①	②	③	④
73	①	②	③	④

問題 14

| 74 | ① | ② | ③ | ④ |
| 75 | ① | ② | ③ | ④ |

N2　言語知識（文字・語彙・文法）・読解　解答用紙

受験番号 Examinee Registration Number	
名前 Name	

問題 1

1	①	②	③	④
2	①	②	③	④
3	①	②	③	④
4	①	②	③	④
5	①	②	③	④

問題 2

6	①	②	③	④
7	①	②	③	④
8	①	②	③	④
9	①	②	③	④
10	①	②	③	④

問題 3

11	①	②	③	④
12	①	②	③	④
13	①	②	③	④
14	①	②	③	④
15	①	②	③	④

問題 4

16	①	②	③	④
17	①	②	③	④
18	①	②	③	④
19	①	②	③	④
20	①	②	③	④
21	①	②	③	④
22	①	②	③	④

問題 5

23	①	②	③	④
24	①	②	③	④
25	①	②	③	④

⋮

問題 9

50	①	②	③	④
51	①	②	③	④
52	①	②	③	④
53	①	②	③	④
54	①	②	③	④

問題 10

55	①	②	③	④
56	①	②	③	④
57	①	②	③	④
58	①	②	③	④
59	①	②	③	④

問題 11

60	①	②	③	④
61	①	②	③	④
62	①	②	③	④
63	①	②	③	④
64	①	②	③	④
65	①	②	③	④
66	①	②	③	④
67	①	②	③	④
68	①	②	③	④

問題 12

69	①	②	③	④
70	①	②	③	④

問題 13

71	①	②	③	④
72	①	②	③	④
73	①	②	③	④

問題 14

74	①	②	③	④
75	①	②	③	④

▶이종권

현) 이종권일본어학원 원장

일본문부성 국비장학생
1991년 이후 일본어 교육에 종사
국내 최초 일본유학시험(EJU)반 개설 운영 중
현재 NEW(신)일본어능력시험반과 일본유학시험반 강의 중

전) 시사일본어학원 교수부장 및 본부장
현) 이종권 일본어학원 원장 겸 시험대비 강사

▶저서

일본어능력시험 혼자서도 자신 있게 1급 한번에 합격하기
일본어능력시험 혼자서도 자신 있게 2급 한번에 합격하기
일본어능력시험 혼자서도 자신 있게 3급 한번에 합격하기
그 외 다수

▶연구원

上阪桃子 / 木下真理子 / 右田明子 / 三宅信子 / 안혜원

NEW 일본어능력시험 답다! N2 독해

저자 이종권
초판 1쇄 발행 2010년 8월 9일
초판 3쇄 발행 2019년 9월 1일

발행인 박효상
총괄이사 이종선
편집장 김현
기획 · 편집 김설아
디자인 이연진
마케팅 이태호, 이전희
관리 김태옥

발행처 사람in
출판등록 제 10-1835호
주소 04034 서울시 마포구 양화로11길 14-10(서교동) 3F
전화 02.338.3555 팩스 02.338.3545
e-mail saramin@netsgo.com homepage www.saramin.com

만든사람들
책임편집 김진아
본문 표지 디자인 홍수미

※책값은 뒤표지에 있습니다. ※파본은 구입하신 곳에서 바꾸어 드립니다.
ⓒ 이종권 2010

978-89-6049-166-3   13730

러브스토리 일본어

저자 : 오쿠무라 유지, 임단비 판형 : B5
정가 : 13,600원 (MP3 음원 제공)

- 러브 스토리라는 흥미로운 소재를 이용하여 독해를 재미있게 배울 수 있습니다.
- 다양한 에피소드들 속에 어휘는 물론 문화까지 소개하였습니다.
- 최신 일본어로 일본어 감각도 끌어올릴 수 있습니다.

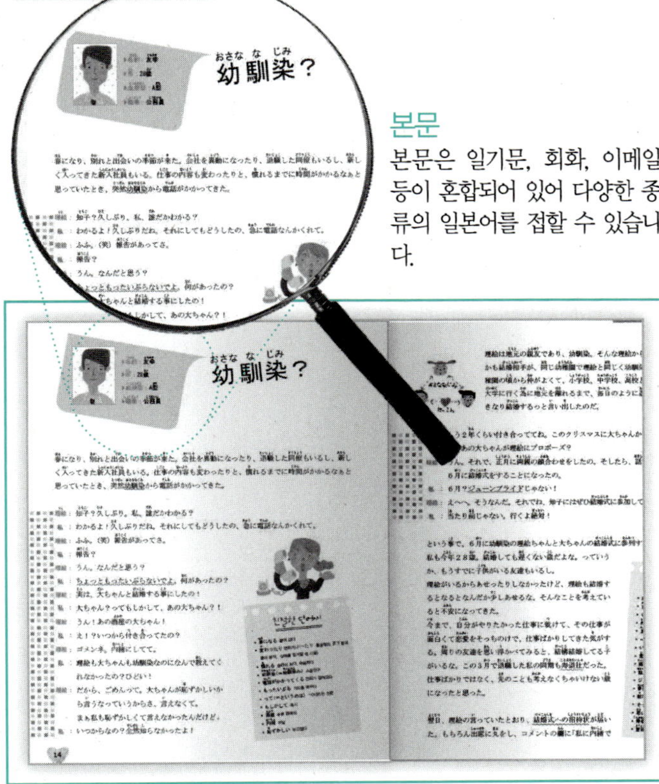

본문

본문은 일기문, 회화, 이메일 등이 혼합되어 있어 다양한 종류의 일본어를 접할 수 있습니다.

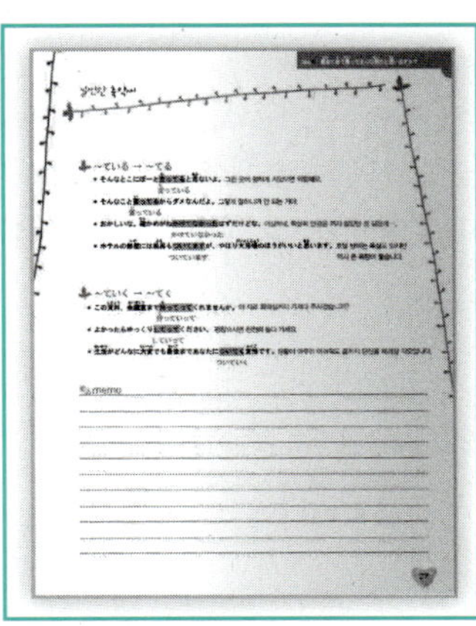

날씬한 축약씨

2, 30대 일본인들이 일반적으로 사용하는 축약형에 대해서는 어휘설명과는 별도의 공간을 두어 자세한 설명을 하였습니다.

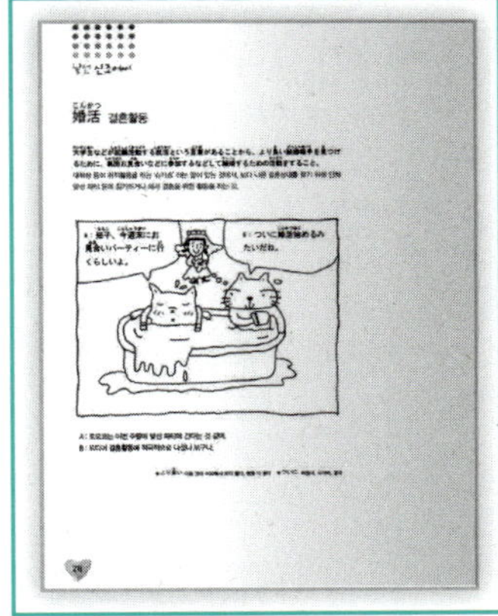

낯선 신조어씨

2, 30대 일본인들이 최근 많이 사용하게 된 신조어에 대해서 설명과 함께 대화문을 두어 어떤 상황에서 사용하면 되는지에 대한 정보도 같이 제공하였습니다.

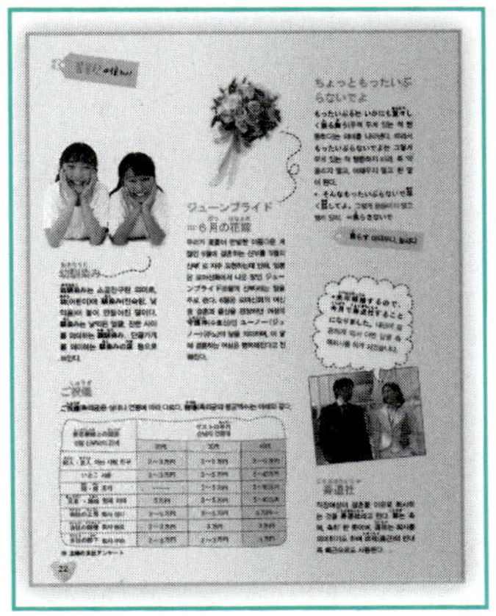

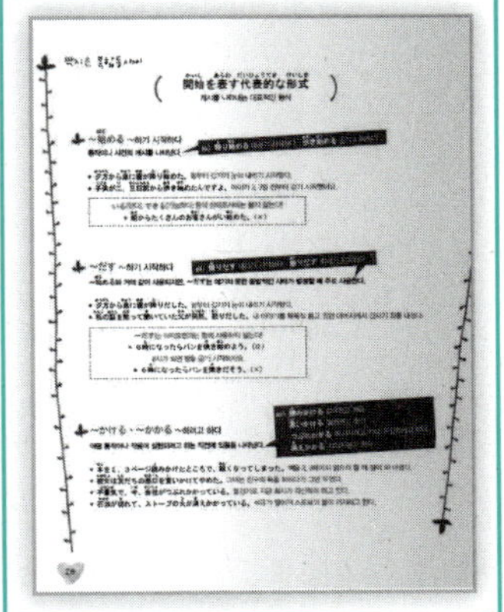

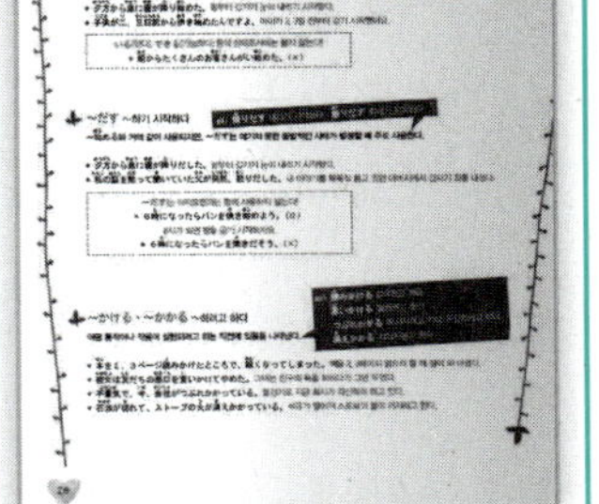

꼼꼼한 어휘씨

단순한 설명에 그치지 않고, 연관된 정보나 예문 등을 통하여 학습효과를 높일 수 있습니다.

짝지은 복합동사씨

초급학습자들은 물론이거니와 중급 이상의 학습자들도 제대로 사용하기 어려운 복합동사를 다양한 예문과 함께 제시하여 재밌게 익힐 수 있도록 하였습니다.

일본어문법 달인이 되는 법

저자 : 이경수 판형 : B5
정가 : 15,000원 (MP3음성강의, 활용노트, 활용노트정답)

일본어 학습자가 꼭 알아야 할 일본어문법을 이해하기 쉽게 풀어 쓴 책!
기존의 정형화된 문법 공식 교재들과는 달리, 학습자가 읽으며 학습하고, 들으며
확인하고, 쓰면서 복습하는 입체적인 학습법으로 일본어문법을 익힐 수 있도록
구성하였습니다.

- '읽기 · 듣기 · 쓰기' 세 박자를 모두 갖춘 '일본어문법 달인이 되는 법'은 저자 직강을 듣듯이 읽으며 일본어문법을 학습합니다.
- 초급자 수준의 문법뿐 아니라, 중 · 고급자 수준의 문법까지 함께 실려 있어, 일본어 학습자라면 누구나 한 권을 간직해야 할 문법 교재입니다.
- 본서는 정확한 문법 설명과 함께 다양하고 적절한 예문이 수록되어 있어, 자연스럽고 세련된 회화와 작문 실력까지 향상시킬 수 있습니다.

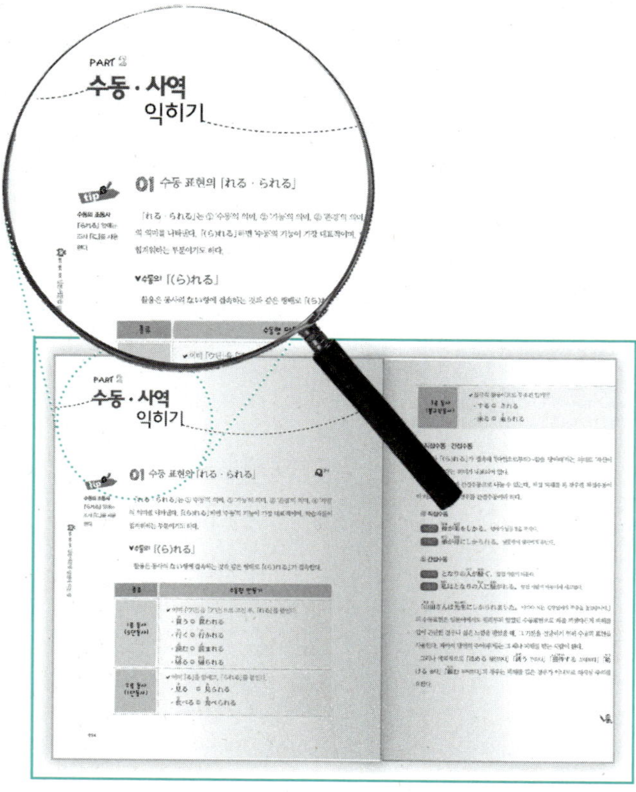

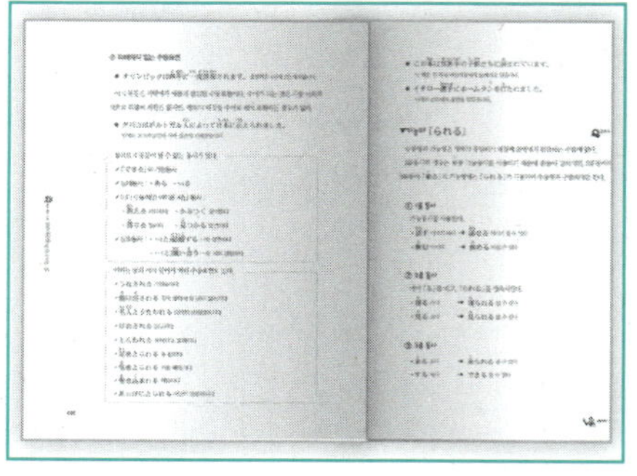

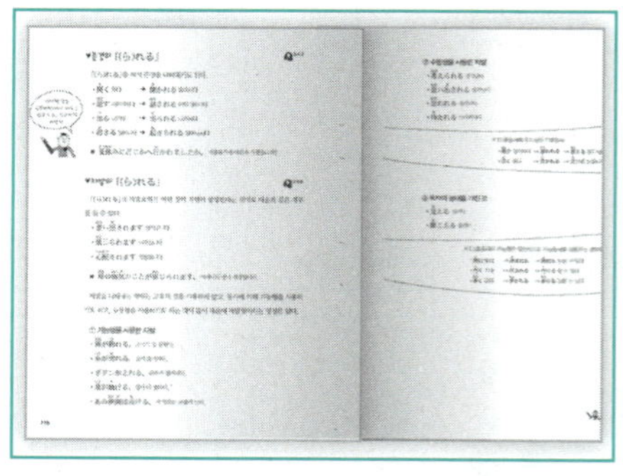

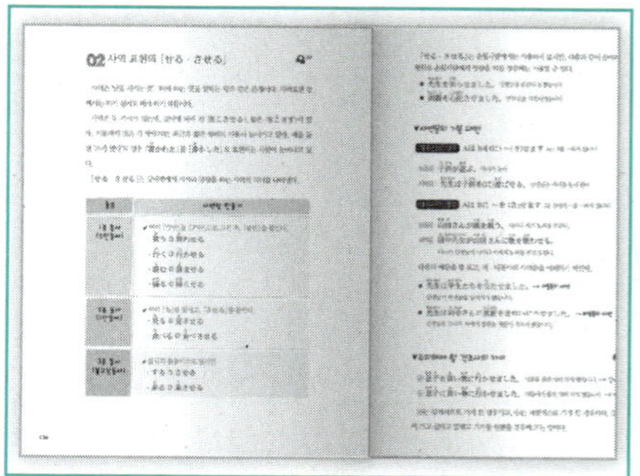